Liebe zwischen Himmel und Erde (Teil 1) • Lothar Wichlacz

Lothar Wichlacz

LIEBE *zwischen* HIMMEL UND ERDE

Eine Reise von Cinque Terre zum Mond

Teil 1

ROMAN

FRIELING

„Alle in diesem Roman vorkommenden Namen von Personen, Orten, und Ereignissen sind frei erfunden. Jede Ähnlichkeit mit tatsächlichen Personen, lebendig oder verstorben, Orten oder realen Ereignissen ist rein zufällig und nicht beabsichtigt."

Bibliografische Information der Deutschen Nationalbibliothek

Die Deutsche Nationalbibliothek verzeichnet diese Publikation in der Deutschen Nationalbibliografie; detaillierte bibliografische Daten sind im Internet über http://dnb.d-nb.de abrufbar.

Rheinstraße 46, 12161 Berlin

Telefon: 0 30 / 76 69 99-0

www.frieling.de

ISBN (Print): 978-3-8280-3844-8

Auch als E-Book verfügbar (ISBN 978-3-8280-3845-5)

1. Auflage 2024

Bildquelle: Archiv des Autors / Pixabay

Printed in Germany

INHALT

Professor Schimazeck, ein renommierter Archäologe, während einer Expedition in der Antarktis, neben dem Forschungsschiff „Eisenerz“.

Biografie

Der Moment, in dem ich den ersten Satz meines Buches zu Papier brachte, war weniger von dem Druck geprägt, ein Meisterwerk zu schaffen, als von dem überwältigenden Gefühl, auserwählt worden zu sein. Es war, als ob die Geschichte selbst mich dazu drängte, ihr Leben einzuhauchen und sie aus den Schatten meiner Gedanken in die greifbare Realität zu ziehen. Dieser Augenblick markierte den Beginn einer außergewöhnlichen Reise.

Mein Leben erzählt die Geschichte eines Menschen, dessen Dasein untrennbar mit dem Erzählen von Geschichten verbunden ist. Bereits in jungen Jahren, als ich meiner Leidenschaft für den Modellbau frönte, begann ich, meinen Kreationen eigene Geschichten zu verleihen. Diese frühe Praxis legte den Grundstein für meine Berufung als Erzähler, da jedes Modell, jede Figur zum Träger einer größeren Erzählung wurde, ein Spiegel meiner grenzenlosen Leidenschaft für Details und narrative Kunst.

Aus dem anfänglichen Hobby entwickelte sich eine tiefe Leidenschaft. Ich entdeckte die Freude daran, eigene Welten zu schaffen und die Leser auf Entdeckungsreisen durch unbekannte Welten zu führen, die ihre Vorstellungskraft erweitern und herausfordern.

Mit der Veröffentlichung meines ersten Buches "Liebe zwischen Himmel und Erde: Eine Reise von Cinque Terre zum Mond" gelang es mir nicht nur einen persönlichen Traum zu erfüllen, sondern auch meinem Verlangen, tief berührende Geschichten zu erzählen, die den Leser fesseln und inspirieren. Dieses Buch ist eine Fusion meiner Begeisterung für romantische Erzählungen, meiner Vorliebe für überraschende Wendungen und meiner Faszination für außergewöhnliche Abenteuer.

Es ist mein aufrichtigster Wunsch, dass mein Leben und meine Werke als Inspirationsquelle dienen. Ich hoffe, sie motivieren andere dazu, ihre Leidenschaften nachzugehen, ihren Träumen zu folgen und die Welt mit ihren einzigartigen Geschichten zu bereichern. Jeder von uns besitzt die Gabe, die Welt mit seinen Erzählungen zu bereichern.

Diese Biografie soll nicht nur einen Einblick in mein kreatives Wesen bieten, sondern auch als Inspiration dienen für all jene, die den Mut haben, sich der Kunst des Geschichtenerzählers zu widmen und ihren eigenen, unverkennbaren Weg zu beschreiten.

EINFÜHRUNG

Baron von Thaler, ein wohlhabender Unterstützer und enger Freund von Professor Schimazeck, einem angesehenen Archäologen, ermöglichte die Durchführung einer aufregenden Antarktisexpedition.

Am 17. Dezember 1938 stach das seetüchtige Forschungsschiff „Eisenerz“ in Hamburg in See. Es brauchte einen gesamten Monat, um am 19. Januar 1939 die Antarktis zu erreichen.

Kapitän Henriksson, ein erfahrener Seefahrer, hatte das Kommando über die Expedition. Seine Hauptaufgaben waren nicht nur die Errichtung eines Stützpunktes und einer Basisstation in der Antarktis, sondern auch die geografische Vermessung der Berge, Durchführung wissenschaftlicher Bohrungen und die Suche nach archäologischen Funden. Ein weiteres wichtiges Ziel war die Suche nach Bodenschätzen und Rohstoffen.

Zudem bestand das zweite große Ziel der Expedition darin, die mysteriöse Geschichte eines alten norwegischen Kapitäns zu überprüfen und den Mann schließlich persönlich zu finden.

Nach Wochen des mühsamen Voranschreitens stieß die Expeditionsgruppe endlich auf den alten Kapitän der norwegischen Marine, der mittlerweile nur noch als halbverrückter Walfänger galt. Sie fanden und nahmen ihn an Bord des Forschungsschiffes, wo er eine faszinierende Geschichte von einem glänzenden Käfig erzählte.

Dieser Käfig war angeblich nur an wenigen Abenden im Jahr sichtbar und befand sich an der Küste von „Königin-Maud-Land“. Für Kapitän Henriksson und seine Männer war dies eine äußerst verlockende Spur, der sie unbedingt nachgehen wollten.

Nachdem das Expeditionsteam die Küste von Königin-Maud-Land erreicht hatte, begann ein mühsamer Kampf gegen die raue, eisige Landschaft. Gemeinsam mit Professor Schimazeck suchten sie verzweifelt nach dem Ort, den der alte norwegische Seemann so präzise beschrieben hatte. Die Spannung in der

Luft war förmlich greifbar, und der eisige Wind schien ihre Entschlossenheit auf eine harte Probe zu stellen.

Dann geschah das Unerwartete. Ein Crewmitglied, das voranging, trat auf eine scheinbar stabile Schneeoberfläche, doch sie erwies sich als trügerisch. Unter seinen Füßen brach der Schnee weg, und er stürzte kopfüber in die eiskalte Gletscherspalte. Ein entsetzter Schrei zerriss die Stille, während er unaufhaltsam in die dunkle Tiefe hinabglitt und schließlich mit einem dumpfen Aufprall unten landete.

Das Crewmitglied fand sich in völliger Dunkelheit wieder. Sein Fuß schmerzte stark, und er konnte kaum einen klaren Gedanken fassen. Der Kamerad lag mit schmerzenden Knochen in der finsteren Höhle, und sein Fuß pochte vor Schmerz. Oben, auf dem gefrorenen Boden, brach Panik aus. Seine Kameraden riefen verzweifelt nach ihm, während sie hilflos am Rand der Gletscherspalte standen. Sie wussten, dass jede Minute zählte.

Entschlossenheit trieb sie an. Einer nach dem anderen seilte sich ab, um zu ihrem verletzten Kameraden hinabzusteigen. Ihre Stirnlampen durchbrachen die Dunkelheit, als sie sich in die ungewisse Tiefe wagten. Der Abstieg war gefährlich, die Wände der Höhle schienen bedrohlich nah, und die Kälte kroch bis in ihre Knochen. Endlich erreichten sie den verletzten Kameraden. Sein Gesicht spiegelte Schmerz und Erleichterung zugleich wider. Sie versorgten seine Verletzung so gut es ging, stabilisierten seinen Fuß und spendeten ihm Trost. Aber dann geschah etwas Unglaubliches. Als sie sich umsahen, bemerkten sie, dass die Höhle weitaus größer war, als erwartet. Ihre Stirnlampen beleuchteten eine majestätische Szenerie, die jeden von ihnen sprachlos machte.

Mitten in der Höhle, in die Eishöhle eingebettet, stand ein gewaltiges Raumschiff. Dieses außerirdische Raumschiff strahlte eine unbeschreibliche Pracht aus, als würde es aus einer anderen Welt stammen.

Sie starrten es fasziniert an, während der gerettete Kamerad langsam wieder zu Kräften kam. In diesem unwirklichen Moment wurde ihnen klar, dass ihre Entdeckung weit über das hinausging, was sie sich jemals hätten vorstellen können. Sie hatten nicht nur das Leben ihres Kameraden gerettet, sondern auch einen Schlüssel zu einer Reise von unermesslicher Bedeutung gefunden.

Was sie nicht wussten, war, dass sie gerade ein Erkundungsschiff der Vrill gefunden hatten.

In den folgenden Tagen begann das Expeditionsteam unter der Leitung von Professor Schimazeck sorgfältig einige Geräte und Gegenstände von denen sie annahmen, dass sie möglicherweise von großer Bedeutung waren, aus dem Raumschiff zu bergen. Die Forscher führten präzise Untersuchungen durch, denn jeder dieser Funde könnte neue Erkenntnisse über die außerirdische Technologie liefern. Ihr Entschluss war es, jedes Detail sorgfältig zu erforschen und zu archivieren. Tief im Inneren des Alien-Raumschiffes entdeckte das Team schließlich einen separaten Raum mit einem mysteriösen Sarkophag. Dieser Sarg war mit seltsamen Symbolen und Zeichen verziert, die auf eine bisher unbekannte und faszinierende Kultur hinwiesen. Während sie den Sarkophag genauer untersuchten, machten sie eine erstaunliche Entdeckung. Im Inneren fanden sie nicht nur antike Artefakte, sondern auch einen seltsam geformten Kristall, der ein schimmerndes, geheimnisvolles Licht ausstrahlte. Die Forscher waren sich bewusst, dass dieser Kristall etwas Besonderes war und möglicherweise mit der fortschrittlichen Technologie der außerirdischen Zivilisation in Verbindung stand.

Obwohl der Sarkophag sich allen Versuchen widersetzte, geöffnet zu werden, hatten sie nun einen unschätzbaren Schatz, in Form dieses geheimnisvollen Kristalls, der weitere Rätsel und Geheimnisse in sich zu bergen schien, gefunden.

Während die Nachrichten aus Europa von einem bevorstehenden Krieg berichteten, erzielte die Eisenerz-Expedition einen großen Erfolg. Als das Schiff schließlich in Deutschland ankam, wurde die gesamte Crew streng isoliert. Kapitän Henriksson informierte Baron von Thaler über ihre Rückkehr und den Erfolg der Mission in einem verschlüsselten Telegramm. Aufgrund des Vertrauens und der Loyalität, die Henrikssons Männer bewiesen hatten, wurden sie zu den ersten Mitgliedern des elitären ‚Blutkreuz Korps' ernannt. Im Schloss Adler begann Baron von Thalers Team unverzüglich mit der Gründung des ‚Blutkreuz Korbs' und der Organisation einer Umsturzoperation namens ‚Walküre'.

Parallel dazu konzentrierten sie sich auf die Untersuchung der Artefakte aus dem Raumschiff, wobei der Sarkophag besonders im Fokus stand.

Trotz zahlreicher Versuche gelang es ihnen zunächst nicht, ihn zu öffnen. Doch sie erkannten schnell, dass der Schlüssel zur Enthüllung des Geheimnisses in den Symbolen auf dem Sarkophag verborgen war. Mit der Unterstützung von Professor Schimazeck widmeten sie sich der Entschlüsselung dieser Symbole. Es war eine mühsame und langwierige Aufgabe, die zwei Jahre in Anspruch nahm.

Doch schließlich gelang es Baron von Thaler, mit Hilfe von Professor Schimazeck und seiner Expertencrew, den Sarkophag zu öffnen.

Sie waren somit die ersten Menschen, die auf den mysteriösen Reisenden darin trafen. Niemand konnte zu diesem Zeitpunkt erahnen, dass Kerstin, ohne es zu wissen, die Schlüsselrolle in diesem außergewöhnlichen Kapitel der Geschichte einnehmen würde. Ihre noch ungeschriebene Geschichte sollte nicht nur ihr eigenes Schicksal, sondern auch das von jedem anderen, der diesem Geheimnis begegnen würde, maßgeblich beeinflussen.

Kapitel 1

Wir haben das Jahr 1947

Alles begann mit Professor Schimazeck, einem renommierten Archäologen, und Kerstin, seiner Tochter, die ebenfalls eine leidenschaftliche Archäologin war. Schon als kleines Mädchen war Kerstin von den aufregenden Expeditionen ihres Vaters fasziniert. Ihr gemeinsamer Traum, die sagenumwobene Bundeslade zu finden, festigte im Laufe der Jahre ihre enge Verbundenheit. Jahrelang durchstreiften sie ferne Länder, verbrachten Wochen in antiken Städten und forschten in staubigen Archiven. Sie vertieften sich in jahrhundertealte Schriften und in längst in Vergessenheit geratene Überlieferungen, immer auf der Suche nach Spuren des geheimnisvollen Artefakts, das ihre Träume und Gedanken beherrschte. Aber bisher blieben ihre Bemühungen erfolglos.

Professor Schimazeck mit seiner Tochter Kerstin

Professor Schimazeck, ein angesehener Archäologe und Forscher, saß oft mit Kerstin am Frühstückstisch und erzählte ihr von der Bundeslade, einem der größten archäologischen Rätsel aller Zeiten. Schon in jungen Jahren hatte er begonnen Kerstin von dieser mysteriösen Truhe zu berichten, die einst die Zehn Gebote und andere heilige Artefakte enthielt. Er hatte ihr von den alten Legenden erzählt, von der Kraft und dem Geheimnis, das die Bundeslade umgab. Für ihn war sie nicht nur ein archäologisches Relikt, sondern auch ein Symbol des Glaubens und der Geschichte. Die Bundeslade, gefertigt nach göttlichen Vorgaben, war ein heiliges Objekt von unschätzbarem Wert. Ihr Ruf als Bewahrerin der göttlichen Gebote und ihrer Macht, hatte sich über die Jahrhunderte hinweg gehalten. Sie war ein Objekt des Begehrens für Eroberer und Schatzsucher, aber gleichzeitig auch ein Symbol der spirituellen Verbindung zwischen dem Göttlichen und den Menschen. Trotz all seiner Leidenschaft und Anstrengungen, hatte Professor Schimazeck die Bundeslade nie gefunden. Er hatte archäologische Expeditionen in alle Ecken der Welt geführt, hatte Bücher gewälzt und Schriften studiert. Aber das mysteriöse Relikt blieb verborgen, ein ungelöstes Rätsel, das seine Träume und Forschungen antrieb.

Kerstin lauschte gebannt den Geschichten ihres Vaters, von den alten Tempeln und vergessenen Gräbern, die er erkundet hatte, von den verlorenen Städten und den Hinweisen, die er gefunden hatte. Sie teilte die Leidenschaft ihres Vaters für die Archäologie und spürte die Magie und das Geheimnis der Bundeslade, auch wenn sie sie nie mit eigenen Augen gesehen hatte. Die Bundeslade wurde zu einem verbindenden Element zwischen Vater und Tochter, ein Symbol für ihre gemeinsame Liebe zur Geschichte und zur Suche nach Antworten auf die Fragen der Vergangenheit. Professor Schimazeck mochte sie nie gefunden haben, aber er wusste, dass die Suche nach Wissen und Wahrheit ein Abenteuer war, das sie beide für immer verbinden würde. Und vielleicht würden sie, eines Tages, das Geheimnis der Bundeslade endlich lüften.

Doch eines anderen Tages, in den ruinenübersäten Überresten der sagenumwobenen Stadt Tanis, stießen sie auf ein kostbares Artefakt – eine verblasste Schriftrolle.

Ihre Herzen schlugen schneller, als Professor Schimazeck und seine Tochter Kerstin die vergilbte Schriftrolle vorsichtig ausrollten. Das Entziffern dieser uralten Schriften war eine mühsame und dennoch aufregende Aufgabe, die sie mit unermüdlichem Eifer verfolgten. Die Nacht umhüllte sie, während sie über den Zeichen brüteten, die seit Jahrhunderten im Dunkeln verborgen waren. In den Mitternachtsstunden, während die Welt im Schlaf versank und der flackernde Schein einer einsamen Öllampe die Dunkelheit erhellte, sah sich Kerstin als Hüterin eines uralten Geheimnisses. Meisterhaft beherrschte sie die Kunst der altägyptischen Sprache, und ihre Augen verfolgten die filigranen Linien der alten Schriftrolle.

Kerstin entziffert eine Schriftrolle

Es war in diesen nächtlichen Momenten der Stille, dass Kerstin das Gefühl hatte, endlich einem Geheimnis auf der Spur zu sein, das die Welt seit Jahrhunderten in Atem hielt. Dies war keine gewöhnliche Aufgabe; es fühlte sich an wie ein Szenario aus einem spannenden Abenteuer-Film. Die Worte auf der Schriftrolle schienen lebendig zu werden, während Kerstin sie entzifferte. Es war, als würden sie aus dem Papier aufsteigen und ihr den Weg in die Vergangenheit weisen. Mit jeder enthüllten Zeile, mit jedem entzifferten Symbol wuchs ihre Entschlossenheit das Geheimnis zu lüften, das sie so lange gequält hatte. Die Schriftrolle wurde zu ihrem Kompass, und in diesen Mitternachtsstunden, als die Welt schlief und das Öl in der Lampe langsam zur Neige ging, folgte Kerstin unbeirrt den Spuren in die Vergangenheit.

Es war, als ob ein neues Kapitel ihrer epischen Reise begann, und die Dunkelheit der Unwissenheit begann allmählich zu weichen.

Die Schriftrolle enthüllte einen uralten Hinweis, der sie an den majestätischen Ort Abu Simbel, am Westufer des Nassersees in Ägypten, führte. Dort, so schien es, könnte sich die legendäre Bundeslade verbergen. Obwohl sie bereits mehrere Expeditionen

nach Abu Simbel unternommen hatten, ohne Erfolg, war diese Information ein Funken Hoffnung inmitten der Dunkelheit.
Als Kerstin ihrem Vater am nächsten Tag müde, aber überglücklich von ihren Entdeckungen erzählte, wusste sie, dass dies der entscheidende Moment war, der ihre Abenteuerlust neu entfachte. Ihre Augen glänzten vor Begeisterung, als sie die Vorbereitungen für eine weitere Expedition in die fernen Wüsten Ägyptens in Angriff nahmen. Ein Expeditions-Camp wurde errichtet, ägyptische Helfer wurden rekrutiert, und die Logistik für ihre Suche wurde akribisch geplant.

Kerstin überprüfte die Ausrüstung, ging die Pläne für die kommenden Tage durch und spürte die elektrisierende Atmosphäre, die sich wie ein unsichtbarer Begleiter in der Wüstenluft befand. Ihr Herzschlag beschleunigte sich, als sie erkannte, dass dies der Höhepunkt ihrer lebenslangen Träume sein könnte.

Die Geschichte des Archäologen und seiner mutigen Tochter, die auf der Suche nach der Bundeslade ins Ungewisse aufbrachen, entfaltete sich in einem epischem Abenteuer, das ihre Entschlossenheit und ihren Glauben an das Unmögliche stärkte. Und so begannen sie die Suche nach einem der größten Geheimnisse der Menschheitsgeschichte.

Kerstin, die als Tochter eines renommierten Archäologieprofessors aufwuchs, wurde schon früh von der Faszination der antiken Welt und den geheimnisvollen Schätzen ihrer Vorfahren ergriffen. Ihr Vater, Professor Schimazeck, war ein angesehener Experte auf diesem Gebiet und teilte seine Leidenschaft gerne mit seiner Tochter. Schon als kleines Mädchen begleitete Kerstin ihren Vater zu Ausgrabungsstätten und durfte ihm bei seinen Untersuchungen helfen. Sie war fasziniert von den Artefakten, die sie ausgruben, und den Geschichten, die sie erzählten. Ihr Vater erkannte schnell ihr Talent und ihre Neugierde, und ermutigte sie eine eigene Karriere als Archäologin anzustreben. Während ihrer Jugend verbrachte Kerstin viel Zeit damit in Büchern zu lesen, alte Karten zu studieren und sich mit der Geschichte vergangener Zivilisationen auseinanderzusetzen. Ihr

Vater fungierte als ihr Mentor und teilte mit ihr sein umfangreiches Wissen. Gemeinsam unternahmen sie Reisen zu antiken Städten auf der ganzen Welt, um die Geheimnisse der Vergangenheit zu erkunden. Kerstin, deren Herz für die ägyptische Archäologie schlug, entwickelte eine erstaunliche Begabung für das Entschlüsseln alter Sprachen. Sie beherrschte nicht nur Altägyptisch und konnte die Hieroglyphen lesen, sondern konnte auch Griechisch, Latein, Hebräisch, Arabisch, Koptisch und weitere Sprachen lesen und sprechen. Ihre Fähigkeit, sich in den Tiefen dieser antiken Sprachen zu verlieren und deren Geheimnisse zu lüften, machte sie zu einer Meisterin der linguistischen Archäologie. Das Entziffern der alten Schriften, eine Kunst, die sie wie keine andere beherrschte, verlieh ihr einen fast mythischen Ruf unter ihren Kollegen und in der akademischen Welt. Es war, als hätte sie eine geheime Verbindung zu den alten Kulturen, deren Worte sie mit einer Präzision und Eleganz übersetzte, die man selten sah. Diese seltene und geheimnisvolle Fähigkeit, die Vergangenheit durch Sprache wiederzubeleben, wurde zu ihrem Markenzeichen und hinterließ bei jedem, der Zeuge ihres Könnens wurde, einen tiefen Eindruck und Faszination. Kerstin war nicht nur eine Archäologin, sie war eine Zeitreisende, die durch Sprache, Brücken zu längst vergessenen Welten baute.

Als Kerstin älter wurde, absolvierte sie ein Archäologiestudium und machte sich einen Namen in der wissenschaftlichen Gemeinschaft. Sie nahm an Ausgrabungen teil, veröffentlichte Artikel und hielt Vorträge über ihre Forschungsergebnisse. Aber ihr größter Wunsch war und blieb die Entdeckung der Bundeslade. Professor Schimazeck zog gemeinsam mit seiner Tochter Kerstin in abenteuerlichen Expeditionen um die Welt. Ihr Ziel war es nicht nur, antike Artefakte zu suchen und zu finden, sondern auch das wertvolle Vrill-Mineral aufzuspüren. Dabei riskierten sie ständig ihr Leben. Um Kerstin von der Vrill-Technologie fernzuhalten, ergriff ihr Vater verschiedene Maßnahmen. An erster Stelle stand die Geheimhaltung. Er sorgte dafür, dass Kerstin von der Existenz und den Möglichkeiten der Vrill-

Technologie nichts erfuhr. In ihrer Anwesenheit wurde vermieden darüber zu sprechen, und sie wurde bewusst nicht in Situationen gebracht, in denen sie damit in Kontakt kommen konnte. Dann kam der Moment, der alles ändern würde. Dieses Gespräch zwischen Vater und Tochter sollte Kerstins Zukunft in ungeahnte Bahnen lenken, doch zu diesem Zeitpunkt ahnte sie noch nicht, wie grundlegend ihr Leben dadurch verändert werden würde.

In einem gemütlichen ägyptischen Café, bei einer starken Tasse Kaffee, spürte Professor Schimazeck, dass die Zeit gekommen war. Es war nicht leicht, über Jahrzehnte hinweg dieses Geheimnis vor seiner geliebten Tochter zu bewahren. Doch nun, mit einem liebevollen Blick, begann er vorsichtig zu erzählen: „Kerstin, mein Schatz, es ist an der Zeit, über etwas Wichtiges zu sprechen - über ein Vrill-Mineral, das wir vor langer Zeit in der Antarktis entdeckt haben."

Kerstin blickte ihn aufmerksam an und spürte, dass ihr Vater etwas Ernstes zu sagen hatte. Ihr Herz begann schneller zu schlagen. „Was ist mit dem Vrill-Mineral, Vater?" fragte sie neugierig und zugleich gespannt.

Ihr Vater seufzte, während er versuchte, die richtigen Worte zu finden. „Kerstin, mein Schatz, das Vrill-Mineral ist keine gewöhnliche Substanz. Es hat erstaunliche Eigenschaften, die es zu einer der mächtigsten Ressourcen im Universum machen. Es kann Energie erzeugen, die weit über das hinausgeht, was wir uns vorstellen können."

Kerstin lauschte aufmerksam, aber als ihr Vater fortfuhr, stockte ihr Atem. „Und das Vrill-Raumschiff, das 1939 in der Antarktis gefunden wurde, war ein Beweis dafür, dass die Vrill diese Technologie beherrschten."

Ihr Vater hatte es kaum ausgesprochen, als Kerstin sich vor Erstaunen erst einmal nach hinten lehnte und tief durchatmete. Ihr Gesichtsausdruck spiegelte tiefes Erstaunen und Unglauben wider. „Ein Raumschiff, Vater? Das sind Außerirdische? Das ist… das ist überwältigend!"

Ihr Vater nickte verständnisvoll, als er Kerstins emotionale Reaktion sah. „Ja Kerstin, es ist überwältigend. Und diese Geschichte ist noch komplexer, als du denkst. Die Vrill sind eine außerirdische Zivilisation, von der die Menschheit bisher nichts weiß. Sie sind weit fortgeschritten und haben das Potenzial, unsere Welt zu verändern."

Kerstin konnte ihren Ohren kaum trauen. „Aber warum haben sie sich bisher nicht gezeigt?"

Ihr Vater seufzte wieder. „Das ist eine lange Geschichte Kerstin, und sie ist voller Geheimnisse. Die Vrill haben Gründe sich vor der Menschheit zu verbergen, und wir müssen behutsam vorgehen, wenn wir ihre Welt betreten. Aber ich spüre, dass es an der Zeit ist dir die Wahrheit zu offenbaren."

Kerstin lauschte aufmerksam, während ihr Vater begann, ihr die erstaunliche Geschichte der Vrill, einer uralten und verborgenen Zivilisation, zu erzählen. Eine Geschichte, die nicht nur das Schicksal der Menschheit, sondern auch ihr eigenes Leben für immer verändern würde.

Kerstin stellte fest, dass die Welt, wie sie sie kannte, gerade in einem atemberaubenden Tempo auseinanderfiel. Ihre Neugier und ihr Entschluss, mehr über die Vrill und das Vrill-Mineral zu erfahren, wuchsen mit jedem Wort ihres Vaters.

„Vater, du kannst nicht einfach aufhören. Ich muss mehr wissen. Wer sind die Vrill? Und was hat das Vrill-Mineral mit all dem zu tun?" Ihr Vater lächelte sanft und nahm ihre Hand. „Kerstin, mein Kind, du bist bereit tiefer in diese faszinierende Welt einzutauchen, und ich werde dir alles erzählen. Unsere Reise der Entdeckung hat gerade erst begonnen, und ich freue mich, sie mit dir zu teilen." Ihr Vater lächelte sanft und legte beruhigend seine Hand auf ihre. „Ich verstehe deine Neugier Kerstin. Und du wirst die Antworten auf all diese Fragen bekommen, aber es wird nicht einfach werden. Diese Geschichte wird dich auf eine Reise mitnehmen, die dich über unsere Welt hinausführt."

Kerstin war fest entschlossen. „Ich bin bereit, Vater. Ich werde alles tun, um dieses Vrill Mineral, mit dir Vater, zu finden.”

Ihr Vater nickte zustimmend. „Das ist meine tapfere Tochter. Zusammen werden wir dieses außergewöhnliche Vrill Mineral finden und vielleicht die Zukunft unserer Welt mitgestalten.”

Die beiden saßen im Café und planten ihre nächsten Schritte. Die Reise, die vor ihnen lag, war voller Rätsel und Abenteuer, aber Kerstin und ihr Vater waren fest entschlossen sie anzutreten, und das Geheimnisvolle Vrill und die Bundeslade zu finden.

Ihr Vater, am Tisch im Café sitzend, fuhr fort. „Es gibt noch mehr, dass du wissen musst, Kerstin. Diese Geschichte ist komplexer, als ich je erwartet hätte. Es geht nicht nur um die Vrill und das Vrill-Mineral.“

Kerstin nickte verstehend und spürte die Ernsthaftigkeit seiner Worte. „Also birgt es Gefahren?”, fragte sie.

Ihr Vater nickte nachdenklich. „Ja, es birgt Gefahren, wenn es in die falschen Hände gerät, oder falsch verwendet wird. Deshalb müssen wir äußerst vorsichtig sein und verantwortungsbewusst damit umgehen.”

Kerstin dankte ihrem Vater für seine Offenheit und erklärte: „Ich verstehe, Vater. Ich werde vorsichtig sein und verantwortungsbewusst handeln.”

Ihr Vater lächelte stolz seine Tochter an. „Ich bin dankbar, dass du das verstehst, Kerstin. Du bist klug und besonnen, und ich weiß, dass ich mich auf dich verlassen kann. Ich wollte dich schützen, Kerstin. Das Mineral, um das es geht, ist so begehrt, dass es Menschen gibt, die es für ihre eigenen Zwecke nutzen möchten. Wir müssen daher äußerst vorsichtig sein und die Suche danach geheim halten.“

„Verstehe. Also sind unsere Expeditionen nicht nur aufregende Abenteuer, sondern auch eine gefährliche Suche nach diesem wertvollen Mineral.“

„Genau, Kerstin. Es ist wichtig, dass wir sicherstellen, dass das Mineral nicht in die falschen Hände gerät und dass seine Kraft für positive Zwecke genutzt wird.“

„Das ist eine große Verantwortung, Papa. Aber ich bin bereit, dich zu unterstützen und diese Expeditionen weiterhin geheim zu halten.“

„Das bedeutet mir sehr viel, Kerstin. Gemeinsam werden wir das Mineral finden und sicherstellen, dass es an einem Ort aufbewahrt wird, an dem es seiner Bedeutung entsprechend genutzt werden kann.“

„Ich freue mich darauf, Papa. Es wird eine aufregende und herausfordernde Reise, aber ich bin zuversichtlich, dass wir es schaffen werden!“

Schließlich lenkte das Schicksal ihre Schritte zurück nach Ägypten, genauer gesagt nach Abu Simbel. Der majestätische Ort am Westufer des Nassersees schien der Schlüssel zur Lösung des Rätsels der Bundeslade zu sein. Die Schriftrolle aus Tanis hatte sie auf diese Spur gelenkt, und sie fühlten sich bereit, die letzte Etappe ihrer Reise anzutreten. Gemeinsam mit ihrem Vater, Professor Schimazeck, brach Kerstin zu einer neuen Expedition auf, um den entscheidenden Hinweis aus Tanis zu verfolgen, der sie zur Bundeslade führen könnte. Ihr Ziel war Abu Simbel, ein majestätischer Ort am Westufer des Nassersees. Obwohl dieser Ort ihnen vertraut war, spürten sie dieses Mal eine unverkennbare Veränderung in der Luft. Begleitet von einem engagierten Team machten sie sich daran, die Tempel zu erkunden. Die jahrhundertealten Steinmauern zeugten von einer längst vergangenen Zeit, als Pharaonen und Götter verehrt wurden. Aber unter dieser beeindruckenden Oberfläche vermuteten sie versteckte Hohlräume und Geheimnisse. In den Tempeln von Abu Simbel, begann eine aufregende Reise. Professor Schimazeck und seine talentierte Tochter Kerstin hatten ein ehrgeiziges Ziel: Die Suche nach der legendären Bundeslade, einem uralten Relikt, von dem viele glaubten, es sei verloren.

Ihre Technologie war ihr Trumpf. Sie hatten einen hochmodernen Hohlraumscanner mitgebracht, der es ihnen ermöglichte, tief in die Mauern des Tempels zu blicken. Schicht für Schicht legten sie die verborgenen Strukturen frei, während sie auf Hinweise und Anzeichen für die Bundeslade achteten. Die Vorbereitungen für die bevorstehenden Grabungen, im Inneren des Abu Simbel-Tempels, waren in vollem Gange, und wie immer wurden sie großzügig von ihrem langjährigen Förderer und besten Freund, Baron von Thaler, finanziert. Das lebhafte Expeditions-Camp, das von einer eingespielten Mannschaft ägyptischer Helfer aufgebaut wurde, um als zentrale Basis für ihre aufregende Arbeit zu dienen, nahm Form an.

Während Kerstin die Ausrüstung sorgfältig überprüfte und die Pläne für die kommenden Tage studierte, besprach Professor Schimazeck mit den anderen Teammitgliedern die logistischen Details. Die Atmosphäre war elektrisch aufgeladen, und Kerstin spürte, wie ihre Aufregung ins Unermessliche wuchs. Dieser Augenblick schien der Höhepunkt all ihrer lebenslangen Träume zu sein. Die Suche nach der Bundeslade. Die Menge an Technologie und Ausrüstung, die sie für diese Expedition hatten, war beeindruckend.

Professor Schimazeck erklärte Kerstin geduldig: „Wir verwenden ein fortschrittliches Scansystem, das auf elektromagnetischer Impulstechnologie basiert. Es ermöglicht uns die Beschaffenheit des Gesteins und eventuelle Hohlräume darin zu analysieren. So können wir potenzielle Verstecke oder verborgene Räume im Tempel aufspüren, ohne ihn zu beschädigen."

Kerstin war beeindruckt. „Das klingt wirklich erstaunlich, Vater. Mit solchen Technologien können wir viel präziser und effektiver nach Schätzen suchen. Es ist unglaublich, wie weit die Technologie in der archäologischen Forschung vorangeschritten ist."

Ihr Vater nickte stolz. „Ja, Kerstin, die Entwicklung der Technologie hat neue Möglichkeiten eröffnet, um unsere Forschung voranzutreiben. Wir müssen jedoch auch vorsichtig sein und sicherstellen, dass wir die Erhaltung des Tempels respektieren und seine historische Integrität bewahren."

Kerstin stimmte ihm zu. „Natürlich, Vater. Wir werden mit größter Sorgfalt vorgehen und alles daransetzen den Tempel und seine kostbaren Schätze zu schützen. Es ist eine große Verantwortung, die wir tragen, aber ich bin zuversichtlich, dass wir dieser Aufgabe gerecht werden."

Das Expeditionsteam dringt tief in den geheimnisvollen Tempel vor, als wären sie Pioniere in einem unbekannten Land. Mit jedem Schritt fühlten sie die Jahrtausende der Geschichte auf ihren Schultern lasten. Doch sie waren nicht dort, um die Vergangenheit zu bewahren; sie waren dort, um sie zu enthüllen.

In den verborgenen Tiefen des uralten Tempels, umgeben von den neuesten Errungenschaften der Technologie, arbeiteten Kerstin, eine begabte Archäologin, und ihr Vater, Professor Schimazeck, Seite an Seite. Ihre Scanner und Sensoren, modernste Werkzeuge ihres Fachs, durchdrangen die massiven Steinmauern, enthüllten verborgene Kammern und leiteten sie zu geheimen Durchgängen. Es war, als würde der Tempel selbst mit ihnen sprechen, bereit, seine lange verborgenen Geheimnisse zu enthüllen.

Unter der fachkundigen Leitung von Kerstin und ihrem Vater, arbeitete das Team mit äußerster Sorgfalt und Präzision. Sie entfernten behutsam ‚Schicht für Schicht, die Wände der antiken Mauern, um Zugang zu den geheimnisvollen Hohlräumen zu erlangen, die ihre Technologie aufgespürt hatte. Sie erweiterten die alten Mauern vorsichtig, um einen Pfad zu schaffen, der das Team tiefer in das Herz des Tempels führte, wo sie weitere Messungen und Untersuchungen durchführen konnten.

Jede Entdeckung, selbst das kleinste Detail, wurde von Kerstin, ihrem Vater und dem gesamten archäologischen Team mit größter Sorgfalt und Präzision dokumentiert. Proben – Bruchstücke vergangener Zivilisationen, verblichene Inschriften, Fragmente längst vergessener Artefakte – werden sorgfältig gesammelt und konserviert, vorbereitet, um ihre Geschichten zu offenbaren.

Mit jedem vorsichtigen Schritt in diesen jahrtausendealten Gängen enthüllte das Team, unter der Leitung von Kerstin und Professor Schimazeck, die Geheimnisse der Vergangenheit, getrieben von dem ewigen Wunsch der Menschheit, das Unbekannte zu erforschen und zu verstehen.

In dieser gespannten Atmosphäre arbeiteten Professor Schimazeck und Kerstin Schulter an Schulter. Die Vorfreude auf das, was sie finden könnten, stieg mit jedem Augenblick. Sie wussten, dass sie kurz davor standen, in die Vergangenheit einzutauchen und ein außergewöhnliches Erbe zu entdecken. Schließlich, nach stundenlanger Arbeit, wurde die verborgene Kammer vor ihnen enthüllt. Ihre Taschenlampen beleuchteten kunstvoll verzierte Wände, auf denen Hieroglyphen und geheimnisvolle Symbole prangten. Diese Kammer war ein Schaufenster in eine längst vergangene Zeit, ein Schatzhaus von Wissen und Pracht, das darauf wartete, von ihnen erforscht zu werden. Die Spannung war greifbar, und die Abenteurer wussten, dass ihre Reise gerade erst begonnen hatte.

Professor Schimazeck und Kerstin waren fasziniert von den entdeckten Relikten. Sie studierten die Inschriften und versuchten, die Bedeutung hinter den Symbolen zu entschlüsseln. Jede neue Entdeckung erhöhte die Spannung und den Wunsch, die verborgene Geschichte zu enträtseln.

Plötzlich stoß eines der Teammitglieder auf eine Nische, die bisher übersehen wurde. In ihr befand sich eine kleine Truhe aus vergoldetem Holz. Mit zitternden Händen öffneten sie die Truhe und enthüllten einen kostbaren Schatz von unschätzbarem Wert.

Die Kammer war erfüllt von aufgeregtem Flüstern und staunenden Blicken. Kerstin konnte ihren Augen kaum glauben, als sie die funkelnden Juwelen und antiken Artefakte betrachtete. Es war ein Moment, den sie nie vergessen wird.

Professor Schimazeck, tief bewegt von dem Anblick, begriff sofort die historische Tragweite ihrer Entdeckung. Die vor ihnen liegenden Juwelen und Artefakte waren von unschätzbarem materiellem Wert und besitzen eine enorme historische und kulturelle Bedeutung. Diese Fundstücke könnten Schlüsselelemente sein, um die Geschichte der Bundeslade und der Region neu zu interpretieren. Das Team setzt sich umgehend daran, den Schatz zu dokumentieren, zu sichern und für weitere Untersuchungen vorzubereiten, getrieben von der Vorfreude, noch mehr Geheimnisse in dieser Kammer und den angrenzenden Hohlräumen zu entdecken. Während sie die Kammer weiter erkundeten, stießen sie auf eine weitere verborgene Tür, die zu einer noch größeren Kammer führte. Ihre Herzen schlugen vor Aufregung schneller, denn sie konnten endlich das Objekt ihrer jahrzehntelangen Suche finden - die Bundeslade.

Die Tür öffnete sich langsam, und im fahlen Licht ihrer Taschenlampen enthüllte sich vor ihnen eine prächtige, mit Hieroglyphen bedeckte Kammer. In der Mitte thronte eine vergoldete Truhe, majestätisch und von zwei mächtigen Cherubim bewacht. Es war die Bundeslade, und ihr Anblick raubte ihnen den Atem. Sie wussten, dass dies der Beginn eines neuen Kapitels in ihrer Reise war, das sie tiefer in die Geschichte und die Geheimnisse Ägyptens führen würde. Der Zustand der Bundeslade war von Jahrhunderten des Verbergens gezeichnet. Überdeckt mit einer dicken Schicht aus Staub und Spuren der Vergessenheit, hatte sie ihre alte Pracht verloren. Dennoch konnten Professor Schimazeck und Kerstin den Hauch von Spiritualität und Geschichte spüren, der von diesem heiligen Artefakt ausging.

Professor Schimazeck, überwältigt von Emotionen, spürte, wie sich sein lebenslanger Traum erfüllte. Das Team war sich der historischen Bedeutung und des kulturellen Erbes bewusst, das mit der Bundeslade verbunden ist. Sie wussten, dass sie Zeugen eines einzigartigen Moments in der Geschichte wurden. Die Spannung stieg, da sie sich der Verantwortung bewusst wurden, die dieses kostbare Artefakt mit sich brachte. Kerstin und ihr Vater näherten sich mit größter Sorgfalt und Ehrfurcht der Untersuchung der Bundeslade. Jedes Detail wurde akribisch dokumentiert, jede Berührung und Kameraaufnahme zielte darauf ab, das uralte Relikt in seiner Gesamtheit zu erfassen. Ihre Faszination für das vergoldete Holz und die kunstvollen Verzierungen der Bundeslade war unübersehbar. Die Dokumentation war so präzise, dass sie sogar die feinsten Nuancen festhielt. Ein wahrer Schatz von unschätzbarem historischen Wert. Das Bewusstsein dieser Verantwortung lastete schwer auf ihren Schultern.

Die Entdeckung der leeren Bundeslade traf Professor Schimazeck und sein Team unerwartet hart. Die Hoffnung, heilige Reliquien oder Artefakte vorzufinden, zerschlug sich. Es wirkte, als wäre die Bundeslade absichtlich geleert worden, bevor sie verborgen wurde. Trotz seiner Enttäuschung erkannte Professor Schimazeck, dass dies ein neues, spannendes Kapitel in der Geschichte der Bundeslade einläutete. Er erinnerte sich an die Überlieferungen, die besagten, dass die Bundeslade einst die Tafeln mit den Zehn Geboten, Aarons Stab und eine goldene Schüssel mit Manna beherbergt hatte. Das Rätsel der leeren Bundeslade stellte für das Team eine herausfordernde Frage dar. War es möglich, dass jemand die heiligen Inhalte entwendet hatte, und falls ja, aus welchem Grund? Oder gab es eine gänzlich andere Erklärung für das Vorhandensein der leeren Truhe?

In dem verborgenen Raum, in dem die Bundeslade lag, machten Kerstin und ihr Team eine bahnbrechende Entdeckung: Sie fanden alte Schriften, verfasst von den ursprünglichen Hütern der Bundeslade. Diese Dokumente könnten der Schlüssel zur Lösung des Rätsels um die Bundeslade sein. Nachdem sie die Schriften geborgen hatten, kehrte Kerstin zum Ausgrabungscamp zurück. Dort richtete sie sich in ihrem provisorischen Arbeitsbereich ein, umgeben von den mystischen Schriftproben, die sie aus der geheimen Kammer mitgebracht hatte. Mit fokussierter Hingabe begann sie, die antiken Hieroglyphen zu entziffern. Ihr Herzschlag beschleunigte sich vor Aufregung und der Erwartung über die möglichen Geheimnisse, die sie enthüllen könnte. Mit jedem entschlüsselten Symbol schien ein weiteres Puzzlestück in Kerstins Gedankenwelt seinen Platz zu finden. Es war, als würde sie ein jahrhundertealtes Tagebuch entziffern, welches die sorgsam gehüteten Geheimnisse der Wächter der Bundeslade enthüllte. Ihre Arbeit war von akribischer Präzision geprägt – sie analysierte jeden Buchstaben, jedes Wort mit größter Sorgfalt. Als sie die Entschlüsselung der letzten Hieroglyphen abschloss, entdeckte sie die tiefere Geschichte, die diese alten Texte verbargen.

Voller Aufregung suchte sie ihren Vater auf, um ihm von der dramatischen Episode zu berichten, die die Schriften offenbarten: einen Moment immenser Gefahr, in dem die heiligen Gegenstände der Bundeslade vor ihrer Zerstörung bewahrt wurden. Die Hüter hatten diese sakralen Objekte an einen verborgenen Ort gebracht, um sie vor den Händen gieriger Eroberer zu schützen. Diese Erkenntnis erfüllte den Raum mit einer Atmosphäre voller Spannung und Ehrfurcht. Kerstin und ihr Vater hatten nicht nur die leere Bundeslade aufgespürt, sondern auch die dahinterliegende Geschichte aufgedeckt – eine Geschichte von Mut, Opferbereitschaft und dem unermüdlichen Schutz wertvoller Reliquien vor dem Verfall, den die verinnende Zeit verursachte.

Die leere Bundeslade war also das Ergebnis einer bewussten Entscheidung die heiligen Gegenstände zu retten. Diese Erkenntnis erfüllte Professor Schimazeck und sein Team mit Ehrfurcht und Respekt vor den alten Hütern dieser heiligen Reliquie. Ihre Entdeckung war ein Meilenstein in der Archäologie und der Geschichte der Bundeslade. Obwohl sie die heiligen Gegenstände nicht physisch gefunden hatten, hatten sie doch das Geheimnis der leeren Bundeslade gelüftet und die Geschichte dahinter aufgedeckt. Dieser Moment würde für immer in ihren Herzen und in den Annalen der Archäologie verankert sein.

In Anbetracht der sensationellen Entdeckung der Bundeslade und der dazugehörigen Schätze fasste Professor Schimazeck einen entscheidenden Entschluss. Es war an der Zeit, seinen besten Freund und Finanzier der Expedition, Baron von Thaler, in Kenntnis über ihren Fund zu setzen. Der Baron genoss gerade seinen Urlaub in Kairo, wo er sich den kulturellen Genüssen und der prachtvollen Geschichte der Stadt hingab.

Baron von Thaler war nicht nur ein enthusiastischer Förderer der Expedition, sondern auch ein leidenschaftlicher Sammler von Artefakten. Seine Begeisterung für historische Schätze ging weit über das übliche Maß hinaus. Professor Schimazeck wusste, dass die Nachricht von der Bundeslade den Baron in höchstem Maße faszinieren würde. Daher beauftragte er ein sorgfältig ausgewähltes Team, eine streng geheime Nachricht an den Baron zu übermitteln. Während Baron von Thaler in Kairo die Schönheit und die historische Bedeutung der Stadt in vollen Zügen genoss, ahnte er noch nichts von der bedeutenden Entdeckung, die sein Freund und Partner gemacht hatte. Die Bundeslade und die anderen entdeckten Schätze wurden inzwischen in ein geheimes Forschungslabor in einem ägyptischen Museum gebracht. Dort warteten sie darauf, von Experten untersucht und analysiert zu werden. Dieser Fund würde nicht nur die Welt der Archäologie auf den Kopf stellen, sondern auch die enge Verbindung und das gemeinsame Streben von Professor Schimazeck und Baron von Thaler nach historischen Erkenntnissen, weiter stärken.

Die Bundeslade und die übrigen Schätze, die sie gefunden hatten, wurden schließlich in ein speziell errichtetes, geheimes Forschungslabor in einem Museum in Ägypten gebracht und sorgfältig versteckt. Hier würden sie auf weitere Untersuchungen und Analysen warten, bereit, ihre Geheimnisse über die Jahrtausende preiszugeben.

Während Professor Schimazeck und Kerstin ihre Abenteuer und Urlaube erlebten, lebte Professor Schimazecks Ehefrau in einem herrlichen Anwesen in der idyllischen Toskana. Das Anwesen war von Olivenbäumen umgeben und bot den perfekten Rückzugsort, um in Harmonie mit der Natur zu leben. Professor Schimazecks Ehefrau war eine warmherzige und liebevolle Frau, die immer voller Vorfreude darauf wartete, dass ihr Mann und ihre Tochter von ihren aufregenden Ausgrabungen zurückkehrten.

Sie genoss es, sie mit offenen Armen zu empfangen und ihre Geschichten über die entdeckten Artefakte, geheimnisvollen Stätten und ihre Abenteuerlust zu hören. Das Anwesen in der Toskana war ein Ort der Entspannung und des Wohlbefindens. Hier konnten sie ihre Batterien aufladen und die Ruhe genießen, nachdem sie aufregende und mitunter auch gefährliche Expeditionen unternommen hatten. Die Ehefrau von Professor Schimazeck schuf eine herzliche und behagliche Umgebung, in der sich ihre Familie rundum wohl und geborgen fühlte. Inmitten der Olivenhaine konnte sie die Früchte ihrer eigenen Ernte genießen und autark leben. Sie pflegte den Garten, kümmerte sich um die Tiere und kochte köstliche Gerichte mit frischen Zutaten. Wenn Professor Schimazeck und Kerstin von ihren Reisen zurückkehrten, konnte sie sie mit einer Fülle an hausgemachten Speisen verwöhnen und so ihr Wohlbehagen noch verstärken. Die Ehefrau von Professor Schimazeck unterstützte ihre Familie bedingungslos und ermutigte Kerstin ihren Leidenschaften nachzugehen. Sie wusste, dass ihre Arbeit als Archäologin sie erfüllte und war stolz auf ihre Errungenschaften. Sie fand es bereichernd, von ihren Reisen zu hören und ihre Geschichten zu teilen. Gemeinsam bildeten sie ein starkes Team, das einander in allen Lebenslagen unterstützte. Die Ehefrau von Professor Schimazeck war nicht nur eine liebevolle Partnerin, sondern auch eine wichtige Vertraute und eine Quelle der Stärke für ihre Familie.

In den Abendstunden, wenn die Sonne hinter den Hügeln der Toskana versank, versammelten sie sich auf der Terrasse des Anwesens und teilten ihre Erlebnisse bei einem Glas Wein. Es waren kostbare Momente des Zusammenseins und des Austausches, die ihre Bindung als Familie weiter festigten.

Die Ehefrau von Professor Schimazeck war eine zentrale Figur in ihrem Leben, die ihnen den Rückhalt gab, den sie brauchten, um sich in der Welt der Archäologie zu verwirklichen. Sie war der ruhende Pol inmitten der aufregenden Abenteuer und der Ort, an dem sie immer willkommen waren. Aber sie verkörpert die Bedeutung von Unterstützung, Liebe und Zusammenhalt in einer Familie, die gemeinsam ihre Träume und Leidenschaften verfolgt.

Professor Schimazeck kehrte erschöpft von den anstrengenden Grabungen in Ägypten zurück in die Toskana. Die Entdeckung der Bundeslade hatte ihn in einen regelrechten Rausch versetzt, doch gleichzeitig sehnte er sich schmerzlich nach seiner Frau Helga.

Es war lange her, dass sie sich gesehen hatten, und er konnte es kaum erwarten, in die idyllische Toskana zurückzukehren.

Anstatt direkt nach Hause in die Toskana zu reisen, wo sie in einem eigenen kleinen Haus auf dem Anwesen ihrer Eltern wohnte, zog es Kerstin an einen Ort, der ihr sehr am Herzen lag. Sie machte sich auf den Weg nach Manarola in den Cinque Terre, Ligurien – ein malerisches Küstendorf in Italien, das sie schon oft besucht und für seine entspannende und inspirierende Umgebung geschätzt hatte. Es war ihr liebster Ort, um zur Ruhe zu kommen und sich zu erholen. Doch was sie zu diesem Zeitpunkt noch nicht wusste, war, dass dieser Urlaub ihr Leben auf eine Weise verändern würde, die ihre Vorstellungskraft überstieg. Denn in Manarola würde sie nicht nur einen Mann kennenlernen, sondern auch atemberaubende Abenteuer erleben, die alles, was sie bisher erlebt hatte, in den Schatten stellen würden.

Kapitel 2

Manarola, Cinque Terre in Ligurien

Cinque in Ligurien

Kerstin Schimazeck hatte beschlossen sich eine Auszeit zu gönnen. Sie sehnte sich nach Erholung und Entspannung von ihrem hektischen leben als Archäologin und wollte die Schönheit der Küste genießen. An einem warmen Sommertag schlenderte sie durch die engen Gassen des malerischen Ortes und ließ sich von den bunten Häusern und dem Duft der Meeresbrise verzaubern.

In einem gemütlichen Café am Hafen beschloss Kerstin eine Pause einzulegen und einen erfrischenden Cappuccino zu genießen. Während sie dort saß und ihre Gedanken schweifen ließ, bemerkte sie plötzlich einen attraktiven gut-aussehenden Mann, der an einem benachbarten Tisch saß und eine Landkarte studierte.

Sein selbstbewusstes Auftreten und sein charmantes Lächeln zogen Kerstins Aufmerksamkeit auf sich.

Es dauerte nicht lange, bis sich ihre Blicke trafen und ein Funke der Neugier zwischen ihnen entfachte. Kerstin, von Natur aus abenteuerlustig, beschloss, den ersten Schritt zu wagen.

Neugierig geworden, mit einem Lächeln auf den Lippen, trat sie auf den Fremden zu, und fragte höflich: „Entschuldigen Sie, brauchen Sie Hilfe bei der Orientierung?"

Major Lothar, überrascht von der freundlichen Ansprache, sah Kerstin an und lächelte leicht.

„Das ist sehr nett von Ihnen. Ich bin tatsächlich etwas orientierungslos. Mein Name ist Major Lothar, und ich bin Luftwaffenpilot."

„Freut mich, Sie kennenzulernen, Major Lothar. Ich bin Kerstin. Wie ich sehe, haben Sie eine Landkarte dabei. Suchen Sie nach etwas Bestimmtem?"

„Ja, ich suche nach einem Ort in der Nähe der Küste. Es ist ein spezieller Ort, über den ich vor Kurzem gehört habe. Er soll eine interessante historische Bedeutung haben."

„Oh, das klingt spannend. Ich bin Archäologin und habe mich auf die Erforschung der Geschichte dieser Region spezialisiert. Vielleicht kann ich Ihnen weiterhelfen."

Major Lothar war fasziniert von Kerstins Arbeit und begann mit ihr über die Geschichte der Gegend und seine Flugerfahrungen zu sprechen. Sie tauschten sich lebhaft aus und entdeckten dabei immer mehr Gemeinsamkeiten.

„Major Lothar, Ihre Flugtests der ‚Haunebu 2' und die Vrill Technologie sind wirklich beeindruckend. Es ist erstaunlich, wie weit die Luftfahrttechnologie voranschreitet."

„Ja, die Vrill Technologie hat unsere Flugzeuge wirklich revolutioniert. Aber ich bin auch immer wieder fasziniert von der Archäologie und der Entdeckung vergangener Zeiten. Es ist erstaunlich, wie viel wir von der Geschichte lernen können."

Major Lothar und Kerstin

Während sie sich weiter unterhielten, entstand zwischen ihnen eine angenehme Atmosphäre. Während Major Lothar und Kerstin sich auf den Weg zu dem Ort machten, den er suchte, konnten sie die atemberaubende Schönheit der Umgebung in vollen Zügen genießen. Sie wanderten entlang der malerischen Küste Liguriens, begleitet von sanften Meeresbrisen und dem Rauschen der Wellen.

Die steilen Klippen erstreckten sich majestätisch über ihnen und boten einen atemberaubenden Blick auf das azurblaue Mittelmeer. Farbenfrohe Blumen blühten entlang des Weges und verströmten einen betörenden Duft. Hin und wieder konnten sie die Rufe der Möwen hören, die elegant über das Wasser flogen.

Kerstin, als Archäologin, konnte es nicht lassen, ihre Aufmerksamkeit auf die Spuren der Vergangenheit zu lenken, die sie auf ihrem Weg entdeckten.

„Schau mal, Major Lothar, dort drüben sind einige Überreste einer alten römischen Siedlung. Es ist erstaunlich zu sehen, wie die Geschichte dieser Region hier sichtbar wird."

Major Lothar betrachtete interessiert die Überreste und war beeindruckt von der Fülle an historischen Schätzen, die Ligurien zu bieten hatte.

„Es ist wirklich faszinierend, wie viele Geschichten diese Landschaft zu erzählen hat. Ich kann mir gut vorstellen, wie wichtig Ihre Arbeit als Archäologin ist, um die Vergangenheit zum Leben zu erwecken."

Während sie weiter wanderten, kamen sie an idyllischen Buchten vorbei, in denen das klare Wasser verlockend zum Baden einlud. Major Lothar konnte sich ein Lächeln nicht verkneifen und schlug vor, eine kurze Pause einzulegen und das erfrischende Wasser zu genießen.

„Was halten Sie davon, Kerstin? Eine kleine Auszeit vom Alltag, um die Schönheit dieses Ortes noch intensiver zu erleben?"

Kerstin stimmte begeistert zu, und sie verbrachten einige unbeschwerte Momente am kristallklaren Wasser, während sie sich weiter über ihre Leidenschaften und ihre gemeinsamen Interessen unterhielten.

Die Naturkulisse und die entspannte Atmosphäre halfen dabei, ihren Band zu stärken und eine Vertrautheit zu entwickeln, die über die bloße Bekanntschaft hinausging.

Als sie sich schließlich wieder auf den Weg machten, konnte man spüren, dass diese Begegnung nicht nur von historischem Interesse geprägt war. Als sie schließlich den Ort erreichten, den Major Lothar gesucht hatte, bedankte er sich herzlich bei Kerstin für ihre Hilfe.

Doch bevor sie sich trennten, wagte Kerstin einen mutigen Schritt und lud ihn ein, sich am Abend in einem charmanten Restaurant am Hafen zu treffen.

Major Lothar lächelte überrascht und stimmte zu. Er war fasziniert von Kerstins Selbstbewusstsein und konnte sich eine angenehme Unterhaltung am Abend gut vorstellen.

„Das klingt nach einer wunderbaren Idee, Kerstin. Ich würde gerne mehr über deine Arbeit als Archäologin erfahren und auch ein wenig vom Soldatenalltag abschalten. Es wäre schön, den Abend in netter Gesellschaft zu verbringen.“

Kerstin lächelte zurück und gab ihm den Namen des Restaurants und die Uhrzeit des Treffens. Sie waren beide gespannt auf das bevorstehende Zusammentreffen.

Major Lothar und Kerstin bei ihrem Abendessen im Mondschein

Als der Abend langsam anbrach, trafen sich Major Lothar und Kerstin in einem charmanten, romantisch beleuchteten Restaurant am Hafen.

Sie fanden einen gemütlichen Tisch mit Blick auf das glitzernde Wasser.

Der sanfte Schein der Kerzen tauchte den Raum in ein warmes Glühen, während das leise Plätschern des Wassers eine beruhigende Atmosphäre schuf.

Kerstin betrat das Restaurant und Major Lothar konnte seinen Blick nicht von ihr abwenden. Sie trug ein atemberaubendes Abendkleid, das ihre Schönheit auf eine bezaubernde Weise unterstrich. Das Kleid war in einem zarten Rosa gehalten und mit funkelnden Verzierungen versehen, die wie Sterne am Nachthimmel glänzten.

Die fließenden Stoffbahnen des Kleides umspielten ihre Figur auf elegante Art und Weise, während der tief ausgeschnittene Rücken ihr einen Hauch von Verspieltheit verlieh. Kerstins Ausstrahlung und das Funkeln in ihren Augen machten sie zu einer wahren Augenweide. Ihr Haar war kunstvoll hochgesteckt, wobei einige lose Strähnen sanft ihr Gesicht umrahmten. Das Make-up unterstrich ihre natürliche Schönheit mit einem Hauch von dezentem Glanz auf den Lippen. Major Lothar konnte kaum glauben, wie faszinierend und bezaubernd Kerstin aussah. Er spürte, wie sein Herz schneller schlug und seine Aufregung zunahm, als sie sich am Tisch gegenübersetzten. Das Restaurant am Hafen, mit seinem romantischen Ambiente, und Kerstins bezauberndes Erscheinen erweckten in Major Lothar den Eindruck, als wäre er in ein Märchen versetzt worden. Er konnte kaum fassen, wie glücklich er sich schätzte, diesen besonderen Moment mit ihr zu erleben.

Kerstin wiederum fühlte sich in diesem Augenblick wie die Hauptdarstellerin in einem Liebesfilm. Sie war überwältigt von der Zuneigung und dem Interesse, das Major Lothar ihr entgegenbrachte. In diesem Kleid fühlte sie sich nicht nur schön, sondern auch geliebt und wertgeschätzt.

Während sie das köstliche Essen genossen, tauschten sie Geschichten über ihre vergangenen Abenteuer aus. Major Lothar erzählte von seinen Einsätzen und den Herausforderungen, mit denen er konfrontiert war. Kerstin wiederum berichtete von ihren Entdeckungen bei archäologischen Ausgrabungen und den faszinierenden Einblicken in vergangene Kulturen. Es entstand eine tiefe Verbundenheit zwischen ihnen, da sie ihre Leidenschaften und ihre Neugier für die Welt teilten. Sie lachten, diskutierten und genossen die angenehme Atmosphäre des Abends.

Als die Nacht fortschritt, wurden die Gespräche intimer und persönlicher. Sie erzählten sich von ihren Träumen und Hoffnungen für die Zukunft und teilten ihre Ängste und Sorgen.

„Kerstin, ich bin wirklich froh, dass wir uns kennengelernt haben. Es ist eine willkommene Abwechslung, jemanden zu treffen, der meine Interessen und Leidenschaften teilt. Ich fühle mich auf besondere Weise mit Ihnen verbunden."

Kerstin lächelte warm und erwiderte: „Ich empfinde es genauso, Major Lothar. Es ist selten, jemanden zu treffen, der mich auf so vielen Ebenen versteht. Ich bin gespannt, wohin uns diese Verbindung führen wird."

Die Nacht verging wie im Flug, und sie beschlossen, sich am nächsten Morgen wiederzusehen.

Am darauffolgenden Tag trafen sich Major Lothar und Kerstin erneut, diesmal in einem gemütlichen Café am Stadtplatz.

Sie saßen an einem kleinen Tisch und genossen ihr Frühstück, während sie ihre Pläne für den Tag besprachen.

Major Lothar und Kerstin

„Ich habe gehört, dass in der Nähe eine archäologische Ausgrabungsstätte ist. Wäre es nicht spannend, sie gemeinsam zu erkunden? Vielleicht können wir noch mehr über die Geschichte dieser Region erfahren."

„Das klingt großartig, Kerstin. Ich bin immer offen für neue Erfahrungen und die Entdeckung von kulturellen Schätzen. Lass uns das tun und schauen, was wir dort finden können."

Gemeinsam machten sie sich auf den Weg zur Ausgrabungsstätte. Als sie dort ankamen, waren sie fasziniert von den antiken Ruinen und den Überresten vergangener Zivilisationen, die sich vor ihnen ausbreiteten.

„Sieh nur Major Lothar, diese alten Mauern und Artefakte erzählen uns so viel über das Leben der Menschen, die hier vor langer Zeit gelebt haben. Es ist wie eine Reise in die Vergangenheit."

„Es ist wirklich beeindruckend, Kerstin. Diese Funde sind wie Puzzleteile, die uns helfen, die Geschichte dieser Gegend besser zu verstehen. Ich bin froh, dass wir diese Erfahrung gemeinsam machen können."

Sie verbrachten Stunden damit, die Ausgrabungsstätte zu erkunden, sich über die verschiedenen Funde auszutauschen und ihre Gedanken und Eindrücke zu teilen. Es war eine Zeit des gemeinsamen Lernens und Staunens über die Vergangenheit. Nachdem sie die Ausgrabungsstätte verlassen hatten, beschlossen sie, noch einen Spaziergang durch die malerische Altstadt von Manarola zu machen. Die engen Gassen, mit farbenfrohen Häusern gesäumt, versprühten einen einzigartigen Charme.

„Es ist so schön hier, Major Lothar. Es fühlt sich fast an, als wären wir in einer anderen Zeit gefangen. Diese Stadt hat so viel Geschichte und Charakter."

„Ja, Kerstin, das stimmt. Es ist wichtig, dass wir uns daran erinnern, woher wir kommen und welche Geschichten uns umgeben. Es macht uns schließlich zu dem, was wir sind."

Die beiden genossen ihren Spaziergang durch die Altstadt, plauderten und lachten, während sie ihre Verbindung weiter vertieften. Es schien, als ob sie eine besondere Verbindung zueinander hatten, die über die Oberfläche hinausging.

Die Geschichten, die sie teilten, und die Unterhaltungen zwischen Major Lothar und Kerstin waren nur der Anfang einer faszinierenden Reise, die sie zusammen unternahmen. Es war eine Zeit des Entdeckens, des Abenteuers und der gegenseitigen Unterstützung in einer Welt, die von Unsicherheit geprägt war. Nach sieben unvergesslichen Tagen mussten sich Major Lothar und Kerstin schließlich voneinander verabschieden. Es war ein emotionaler Moment, da sie in kurzer Zeit eine tiefe Verbindung aufgebaut hatten.

„Kerstin, ich kann gar nicht in Worte fassen, wie dankbar ich für diese wundervolle Zeit mit dir bin. Du hast meinen Urlaub zu etwas Besonderem gemacht und ich werde dich vermissen."

„Auch ich werde dich vermissen, Major Lothar. Die Zeit mit dir war magisch, und ich bin dankbar, dass wir uns kennengelernt haben. Ich werde unsere Gespräche, unser Lachen und die Abenteuer, die wir zusammen erlebt haben, nie vergessen."

Sie tauschten Telefonnummern aus, um in Verbindung zu bleiben und den nächsten gemeinsamen Urlaub zu planen. Briefe und Karten an Major Lothar zu schicken war verboten, weil er sich in einer geheimgelegenen Bergbasis befand.

Sie umarmten sich fest und verbrachten noch einige kostbare Augenblicke miteinander, bevor sie sich endgültig trennen mussten.

Obwohl sie wussten, dass ihre Wege vorerst auseinandergehen würden, waren sie optimistisch für die Zukunft und hofften auf ein Wiedersehen.

„Kerstin, wir mögen jetzt getrennt sein, aber ich glaube fest daran, dass das Universum Wege finden wird, um uns wieder zusammenzubringen. Ich werde dich nie vergessen und hoffe, dass wir uns wiedersehen."

„Ich teile deinen Glauben, Major Lothar. Die Zeit, die wir gemeinsam verbracht haben, war etwas Besonderes, und ich bin zuversichtlich, dass sich unsere Wege wieder kreuzen werden. Pass auf dich auf!"

Mit einem letzten Blick voller Sehnsucht und Dankbarkeit gingen sie getrennte Wege, doch die Erinnerungen an ihre gemeinsame Zeit und die Verbindung, die sie aufgebaut hatten, würden in ihren Herzen weiterleben.

Major Lothar flog zurück zu seiner Einheit nach Deutschland, in die geheime Bunkeranlage B 7, während Kerstin zu ihrer Mutter in die Toskana reiste. Obwohl sie vorerst getrennt waren, war ihr Band der Freundschaft und des gegenseitigen Verständnisses stark.

Sie wussten, dass ihre gemeinsame Geschichte noch nicht zu Ende war. Mit Vorfreude auf das, was kommen mag, gingen sie mit dem Wissen weiter, dass ihre Begegnung am Hafen ein besonderes Kapitel in ihren Lebensgeschichten war, das sie für immer in Erinnerung behalten würden.

Kapitel 3

Der zweite gemeinsame Urlaub

Die beiden hatten sich nach einem weiteren lang ersehnten Urlaub endlich wiedergesehen und ihre Sehnsucht war kaum zu übersehen. Die Aufregung und das Verlangen zwischen ihnen waren förmlich greifbar.

Als sie sich in die Arme schlossen, spürten sie die Wärme des Wiedersehens. Ihre Blicke trafen sich und ein breites Lächeln erschien auf ihren Gesichtern. Es war ein Moment voller Glückseligkeit und Erleichterung, dass sie endlich wieder zusammen waren. Kerstin konnte kaum die Freudentränen zurückhalten, während Major Lothar sie fest umarmte. „Es ist so gut dich wieder in meinen Armen zu halten“ flüsterte er leise in ihr Ohr. „Ich habe dich schrecklich vermisst.“

„Und ich dich erst!“, erwiderte Kerstin mit zitternder Stimme, „Jeder Tag ohne dich war wie eine Ewigkeit. Aber jetzt sind wir endlich wieder zusammen.“

Sie beschlossen diesen kostbaren Moment des Wiedersehens zu feiern und gingen gemeinsam in ein gemütliches Café in der Nähe. Bei einer Tasse Kaffee und einem großen Stück Käse Kuchen tauschten sie ihre Erlebnisse und Geschichten aus.

Den Tag verbrachten sie voller Glück und Zuneigung. Nach ihrem Cafébesuch entschieden sie sich für einen spontanen Ausflug in den nahegelegenen Park. Sie genossen es Hand in Hand durch die grünen Wege zu schlendern, während sie über ihre Träume und Pläne sprachen.

Plötzlich entdeckten sie einen kleinen Teich mit einem Ruderboot. Ohne zu zögern beschlossen sie eine Bootsfahrt zu unternehmen. Sie setzten sich in das Boot und ließen sich von der sanften Brise über das ruhige Wasser treiben.

Dabei genossen sie die wunderschöne Natur um sie herum und nutzten die Gelegenheit, um sich gegenseitig Geschichten und Erlebnisse zu erzählen.

Nach ihrer Bootsfahrt schlenderten sie weiter, ließen sich von ihrer Neugier treiben und folgten den Straßen zu einem lebhaften Markt. Dort weckten exotische Düfte und bunte Stände ihre Sinne.

Sie kosteten von den lokalen Köstlichkeiten, tauchten in die pulsierende Atmosphäre ein und bewunderten die Vielfalt der angebotenen Waren. Inmitten all dieser Eindrücke lachten und genossen sie jeden Moment, während bewundernde Blicke von anderen Passanten sie begleiteten.

Der Tag verging wie im Flug, und sie beschlossen, den Abend mit einem besonderen Abendessen zu krönen. Sie suchten ein gemütliches Restaurant aus, in dem sie kulinarische Köstlichkeiten probierten und sich über ihre kulinarischen Vorlieben austauschten. Nach einem romantischen Abendessen hatten sie sich in das gemütliche Wohnzimmer in einem Landhaus zurückgezogen.

„Weißt du, es war so großzügig von deinem Offiziersfreund, uns sein Landhaus zur Verfügung zu stellen, solange dein Urlaub andauert.“, bemerkte Kerstin.

„Ja, das war wirklich eine nette Geste von ihm. Das Landhaus ist so idyllisch gelegen und bietet uns die perfekte Rückzugsmöglichkeit.“

„Absolut. Ich liebe es, wie ruhig und abgeschieden es hier ist. Es ist der ideale Ort, um dem Trubel des Alltags zu entkommen.“

„Und der Garten ist einfach traumhaft. Wir können uns hier zurückziehen und die Natur genießen.“

„Ja, ich freue mich schon darauf morgens aufzuwachen und den Blick auf die malerische Landschaft zu werfen.“

„Es ist auch schön, dass wir hier unsere Privatsphäre haben. Es ermöglicht uns, ungestört Zeit miteinander zu verbringen.“

„Genau, Wir können uns ganz aufeinander konzentrieren und unsere Zweisamkeit in vollen Zügen genießen.“

Der Kamin knisterte leise und sorgte für eine behagliche Atmosphäre. Kerstin und er saßen eng beieinander auf dem weichen Sofa, während sie sich tief in die Augen sahen.

Kerstin und Major Lothar

Eine zarte Melodie erklang leise im Hintergrund und füllte den Raum mit einem Hauch von Romantik. Ihre Hände berührten sich sanft, als sie langsam ihre Finger miteinander verflochten. Die Spannung zwischen ihnen war deutlich spürbar, während sie sich langsam näherkamen und ihre Lippen sich in einem leidenschaftlichen Kuss vereinten. Er fühlte die Zartheit von Kerstins Berührungen, als ihre Finger sanft über sein Gesicht strichen. Er nahm sie in seine Arme und spürte ihre Nähe, während sie sich leidenschaftlich umarmten. Ihre Herzen schlugen im Einklang, und sie konnten die wachsende Intensität ihrer Gefühle förmlich spüren. Sie zogen sich langsam ins Schlafzimmer zurück, das von Kerzenlicht erhellt war. Die Atmosphäre war erfüllt von einer Mischung aus Verlangen und zärtlicher Hingabe. Lothar küsste sanft Kerstins Nacken, während seine Hände behutsam ihren Körper erkundeten. Die Leidenschaft zwischen ihnen entfachte sich, als sie sich liebevoll und einfühlsam erkundeten. Ihre Körper verschmolzen in einem sinnlichen Tanz der Lust und Begierde. Die Zeit schien still zu stehen, während sie sich gegenseitig entdeckten und immer tiefer in ihre Verbindung eintauchten.

Nach einer Nacht voller zärtlicher Ekstase lagen sie eng aneinander gekuschelt im Bett. Ihre Blicke trafen sich und sie lächelten einander vertraut an. In diesem Moment wussten sie, dass ihre Liebe nicht nur von Leidenschaft, sondern auch von tiefer Verbundenheit geprägt war. Die erste gemeinsame Nacht zwischen Kerstin und Lothar war eine sinnliche Erfahrung, die ihre Beziehung auf eine neue Ebene hob. Sie erkannten, dass sie nicht nur Abenteuerlust und Leidenschaft teilten, sondern auch eine tiefe emotionale Bindung zueinander hatten. Diese Nacht war der Beginn eines wunderbaren Kapitels in ihrer gemeinsamen Geschichte, das von Liebe, Leidenschaft und gegenseitigem Respekt geprägt war. Sie wussten, dass sie in den kommenden Abenteuern, Seite an Seite stehen, und ihre Verbindung weiter vertiefen würden.

Am frühen Morgen erwachten Kerstin und Lothar eng umschlungen und glücklich in den Armen des anderen. Ein sanfter Sonnenstrahl drang durch die Vorhänge und erhellte das Zimmer mit warmem Licht. Sie lächelten sich an, während sie sich langsam aus dem Bett erhoben und sich bereit machten, den neuen Tag zu begrüßen.

Nachdem sie sich erfrischt und ein herzhaftes Frühstück genossen hatten, trafen sie sich im Wohnzimmer des Landhauses. Lothar trug seine Luftwaffenuniform mit Stolz, während Kerstin in einem luftigen Sommerkleid strahlte. Beide wussten, dass sie heute zum Flugplatz aufbrechen würden, um ihrer Abenteuerlust und ihrer gemeinsamen Leidenschaft für das Fliegen nachzugeben. Hand in Hand verließen sie das Landhaus und stiegen in das bereitstehende Auto, das sie zum Flugplatz bringen sollte. Die Fahrt verlief ruhig und angenehm, begleitet von den leisen Gesprächen und dem Gefühl der Vorfreude auf das, was sie erwartete.

Als sie den Feld-Flugplatz erreichten, empfing sie die aufregende Atmosphäre der startenden und landenden Flugzeuge. Der Klang der Motoren und das Gefühl von Freiheit erfüllten die Luft. Major Lothar führte Kerstin zum Ausbildungsflugplatz .

Ihr Ziel war es, einen Pilotenschein für ein JetPack zu erwerben, eine aufregende neue Technologie der damaligen Zeit. Während ihres Aufenthalts auf dem Flugplatz widmeten sich Kerstin und Major Lothar intensiv dem Training und der Ausbildung.

Sie erlernten die Grundlagen des JetPack-Fliegens, einschließlich der Steuerung, der Sicherheitsverfahren und der technischen Aspekte. Unter der Anleitung erfahrener Fluglehrer übten sie Starts, Landungen und Manöver, um ihre Fähigkeiten zu verbessern. Die Tage waren erfüllt von intensivem Training und Übungen. Kerstin und Major Lothar waren begeistert von der Möglichkeit, das innovative JetPack zu beherrschen und die Freiheit des Fliegens in der Luft zu erleben.

Sie arbeiteten hart daran, ihre Fähigkeiten zu perfektionieren und sich auf ihre bevorstehenden Flüge vorzubereiten.

Die Nächte verbrachten sie damit, sich über ihre Erfahrungen auszutauschen und ihre gemeinsame Leidenschaft für Abenteuer zu teilen. Kerstin, als Archäologin, erzählte von ihren spannenden Ausgrabungen und historischen Entdeckungen, während Major Lothar von seinen Einsätzen als Jagdpilot berichtete. Ihre Gespräche waren von gegenseitigem Respekt und Bewunderung geprägt.

Am Ende der Woche waren Kerstin und Major Lothar bereit für ihre Abschlussprüfungen. Sie zeigten ihr Können und beherrschten das JetPack-Fliegen mit Geschick und Leidenschaft. Nach erfolgreichem Bestehen der Prüfungen erhielten sie stolz ihre Pilotenscheine und konnten nun eigenständig mit dem JetPack fliegen.

Dieser Aufenthalt auf dem Ausbildungsflugplatz bot Kerstin und Major Lothar nicht nur die Möglichkeit ihre Flugfähigkeiten zu verbessern, sondern auch eine Chance, gemeinsame Abenteuer zu erleben und ihre Beziehung zu vertiefen. Sie teilten nicht nur ihre Begeisterung für das Fliegen, sondern entdeckten auch, dass ihre Träume und Ambitionen nun eng miteinander verflochten waren. Kerstin war immer zutiefst fasziniert von der Archäologie gewesen und hatte sich ihr ganzes Leben lang der historischen Forschung gewidmet. Doch als sie von der Existenz dieser neuen außerirdischen Technologie erfuhr, spürte sie eine bisher unbekannte Anziehungskraft, die sie nicht ignorieren konnte.

„Lothar, ich kann einfach nicht mehr zurückblicken. Die Vorstellung, dass es eine Technologie gibt, die unsere Vorstellungskraft übersteigt, lässt mich nicht mehr los. Ich weiß, dass ich meinen Weg ändern muss, auch wenn das bedeutet, vorerst von der Archäologie Abschied zu nehmen."

„Kerstin, ich verstehe deine innere Unruhe. Die außerirdische Technologie könnte wirklich bahnbrechend sein. Aber denk daran, wie sehr dein Vater, Professor Schimazeck, die Archäologie liebt. Es wird nicht einfach für ihn sein, dich nicht mehr auf archäologischen Abenteuern dabei haben zu können…"

„Ich weiß, Lothar. Es bricht mir das Herz, dass mein Vater nicht mehr Teil meiner neuen Reise sein kann. Er war immer mein Mentor und hat mich auf Schritt und Tritt begleitet. Aber ich spüre, dass die Bedeutung dieser Technologie weit über alles hinausgeht, was wir bisher kannten. Es ist eine Chance, die ich ergreifen muss."

„Dein Vater ist ein außergewöhnlichen Mann, Kerstin. Er wäre sicher stolz auf dich und deine Entschlossenheit. Es ist wichtig, dass wir uns weiterentwickeln und neue Wege erkunden. Das Blutkreuz-Korps kann dir helfen, deine Faszination zu erforschen und dich in dieser neuen Welt unterstützen."

„Danke, Lothar. Es bedeutet mir viel, deine Unterstützung zu haben. Die Entscheidung, die Archäologie vorerst aufzugeben, ist nicht leicht. Aber ich fühle, dass ich einen neuen Weg gehen muss, um die Menschheit voranzubringen. Mein Vater hat mich immer ermutigt nach den Sternen zu greifen, und ich möchte ihm gerecht werden."

„Du wirst ihm gerecht werden, Kerstin. Und ich werde an deiner Seite sein, um dich zu unterstützen. Gemeinsam werden wir diese neue Welt erforschen und die Rätsel der außerirdischen Technologie lösen. Dein Vater wird immer in unseren Herzen sein, während wir die Zukunft gestalten."

In dieser bewegenden Unterhaltung zwischen Kerstin, Lothar und dem Gedanken an Kerstins Vater, spürt man die innere Zerrissenheit und den Respekt vor der Vergangenheit, der Kerstin beherrscht.

Kerstin ist entschlossen, ihren eigenen Weg zu gehen und die außerirdische Technologie zu erforschen, während sie gleichzeitig ihren Vater in Ehren hält.

„Lothar, ich kann diese Faszination einfach nicht mehr ignorieren. Die Vorstellung, dass es eine Technologie gibt, die weit über das hinausgeht, was wir bisher kannten, weckt eine unbändige Neugierde in mir. Ich bin bereit, alles hinter mir zu lassen und mich diesem Abenteuer anzuschließen."

„Kerstin, ich habe dich immer als mutige und abenteuerlustige Frau gekannt. Aber bedenke, der Weg, den wir einschlagen, ist gefährlich und voller Geheimnisse. Das Blutkreuz-Korps ist keine gewöhnliche Organisation, und du könntest mehr entdecken, als du dir vorstellen kannst."

„Genau deshalb will ich Teil davon sein, Lothar. Ich bin bereit, meine Komfortzone zu verlassen und in diese neue Welt einzutauchen. Ich spüre, dass die außerirdische Technologie eine enorme Bedeutung für die Zukunft der Menschheit haben kann. Das Risiko ist es wert."

„Du bist eine beeindruckende Frau, Kerstin. Dein Entschluss und deine Leidenschaft sind bewundernswert. Ich werde dich unterstützen, so gut ich kann. Aber sei vorsichtig, in dieser Welt gibt es keine Garantien."

„Ich weiß, dass es gefährlich sein kann, Lothar. Aber ich will nicht nur zuschauen, wie andere die Geheimnisse dieser Technologie entschlüsseln. Ich will selbst Teil davon sein und meinen Beitrag leisten. Wenn wir nichts riskieren, werden wir auch nichts gewinnen."

„Gut gesprochen, Kerstin. Lass uns gemeinsam in die Tiefe dieses Abgrundes springen und sehen, was wir finden. Aber versprich mir, dass du immer auf dich aufpasst und deine Instinkte nicht ignorierst."

„Das verspreche ich dir, Lothar. Wir werden diese Welt gemeinsam erkunden und aufeinander aufpassen. Ich bin bereit für das Unbekannte und die Aufregung, die uns erwartet."

„Dann auf ein Abenteuer, das unser Leben für immer verändern wird. Möge der Mut uns begleiten und die Erkenntnis uns stärken. Zusammen werden wir die Grenzen des Möglichen überschreiten."

In dieser spannungsgeladenen Unterhaltung zwischen Kerstin und Lothar spürt man die Aufregung und den Ehrgeiz, die Kerstin antreiben. Sie ist bereit, die Sicherheit ihres bisherigen Lebens hinter sich zu lassen und in eine gefährliche und aufregende Welt einzutauchen.

Sie ist bereit, die Geheimnisse der außerirdischen Technologie zu enthüllen und dabei ihre Grenzen zu überschreiten.

Mit ihren neuen Pilotenscheinen für das JetPack kehrten Kerstin und Major Lothar zurück zu ihren jeweiligen Tätigkeiten, aber sie würden immer die Erinnerungen an diese besondere Woche auf dem Flugplatz in Deutschland in ihrem Herzen tragen.

Lothar und Kerstin standen am Flughafen und blickten sich tief in die Augen. Die Zeit für ihre vorübergehende Trennung war gekommen, aber sie wussten, dass sie sich im nächsten Urlaub wiedersehen würden.

Als Major Lothar in das Flugzeug stieg, um zurück zu seiner Einheit zu fliegen, spürte er eine Mischung aus Stolz und Sehnsucht. Kerstin hingegen machte sich auf den Weg in die Toskana, um Zeit mit ihrer Mutter zu verbringen. Obwohl sie nun vorerst getrennt waren, wussten sie, dass ihr Band der Freundschaft und des gegenseitigen Verständnisses stark genug war, um diese Distanz zu überbrücken.

Nachdem sie bereits zwei gemeinsame Urlaube und einige kleine Abenteuer miteinander erlebt hatten, war ihre Bindung tief und bedeutungsvoll geworden. Während Lothar seinem Pflichtbewusstsein folgend in die geheime Bunkeranlage B 7 zurückkehrte, ließ Kerstin die milde Brise der toskanischen Küste ihre Sorgen behutsam davontragen.

Die Vorfreude auf das, was die Zukunft bringen mochte, erfüllte sie beide. Sie wussten, dass ihre gemeinsame Geschichte noch lange nicht zu Ende war.

Es gab noch so viele Abenteuer zu erleben, Geheimnisse zu enthüllen und Herausforderungen zu meistern. In Gedanken versunken gingen sie getrennte Wege.

Mit einem letzten Blick und einem Lächeln auf den Lippen verabschiedeten sie sich vorerst voneinander.

Kapitel 4

Kerstins Rückkehr: Wiedersehen in der Toskana

Endlich Zuhause in der Toskana angekommen, genoss Kerstin die vertraute Umgebung, die sie seit vielen Jahren ihr Zuhause nannte. Der Duft von frischen Blumen erfüllte die Luft, und die warme Sonne tauchte das Anwesen in ein sanftes Licht. An manchen Abenden saßen sie alle drei gemeinsam auf der Terrasse, umgeben von einem Meer aus Sternen, und tauschten ihre Gedanken und Träume aus.

„Mama, Papa, ich bin so dankbar, dass wir diese Zeit miteinander haben. Es ist so schön, hier in der Toskana zu sein und diese Momente zu teilen."

„Mein Liebes, wir sind ebenfalls dankbar für jeden Augenblick mit dir. Die Verbundenheit, die wir als Familie spüren, ist etwas ganz Besonderes. Es sind die kleinen Dinge, die diese Momente zu kostbaren Erinnerungen machen."

Helga: „Genau, Kerstin. wir haben so viele Abenteuer erlebt, aber es sind die gemeinsamen Erlebnisse und die Liebe, die uns wirklich erfüllen. Die Toskana ist ein Ort, der uns zusammenführt und daran erinnert, wie wichtig es ist, die Zeit miteinander zu schätzen."

Die Tage vergingen in harmonischer Gelassenheit, und Professor Schimazeck und Helga fühlten sich in ihrem Zuhause in der Toskana geborgen. Sie hatten eine tiefe Dankbarkeit für die Erfahrungen, die sie gemacht hatten, und für die Familie, die ihnen so viel bedeutete.

Als die Sonne langsam hinter den Hügeln versank und der Abendhimmel in ein sanftes Rosa getaucht wurde, saßen sie noch eine Weile zusammen und genossen die Ruhe.

Am nächsten Tag in der Früh klingelte das Telefon.

Kerstin greift zum Hörer, noch im Halbschlaf.

„Hallo?“, fragte Kerstin verwundert.

„Kerstin, bist du das wirklich?“, hallt Lothars überraschte Stimme durch den Hörer.

„Ich bin ehrlich erstaunt, dass du selber ans Telefon gegangen bist. Normalerweise erwarte ich Luise euere Haushälterin am Apparat.“

Ein Lächeln breitet sich auf Kerstins Gesicht aus.

„Lothar! Heute hatte ich das Glück näher am Telefon zu sein als Luise. Es ist so schön, deine Stimme zu hören. Wie geht es dir?“, erwiderte Kerstin freudig.

Sehnsüchtig sprach Lothar in den Hörer: „Kerstin, meine Liebe! Es tut mir leid, dass ich nur kurz Zeit habe. Ich stehe knapp vor einer geheimen Mission. Aber ich musste dich unbedingt sprechen.“

„Ok, ich vermisse dich so sehr. Aber ich verstehe, dass du wichtige Aufgaben hast. Was möchtest du mir sagen?“

„Ich habe eine Idee für meinen nächsten Urlaub. Wie wäre es, wenn ich dich und deine Eltern in der Toskana besuche?“

„Das ist eine wunderbare Idee! Meine Eltern würden sich riesig freuen, dich kennenzulernen.“

„Ich möchte sie kennenlernen, Kerstin. Du hast so viel von ihnen erzählt, und ich spüre, dass sie besondere Menschen sind. Ich möchte sehen, wo du aufgewachsen bist und die Zeit mit ihnen verbringen.“

„Das bedeutet mir sehr viel, Lothar. Sie haben bereits so viel über dich gehört und sind gespannt darauf, dich persönlich zu treffen. Es wird ein besonderer Moment für uns alle sein.“

„Ich freue mich darauf, Kerstin, aber jetzt muss ich wirklich los. Die Mission ruft. Pass gut auf dich auf, meine Liebe. Bald sind wir wieder vereint.“

„Pass auch du auf dich auf, Lothar. Ich warte sehnsüchtig auf den Tag, an dem du zurückkehrst. Vergiss nicht, dass ich immer an dich denke.“

„Du bist mein Anker, Kerstin. Ich kann es kaum erwarten, dich wiederzusehen. Bis bald, meine Liebe.“

Nachdem das Telefonat mit Lothar beendet war, fühlte Kerstin eine Mischung aus Vorfreude und Nervosität. Sie wusste, dass es an der Zeit war, ihrem Vater die Wahrheit zu sagen und von ihrem Entschluss, dem „Blutkreuz-Korbs" beizutreten, zu berichten.

Sie wusste, dass es keine leichte Aufgabe sein würde ihn davon zu überzeugen, aber sie konnte die innere Anziehungskraft der Vrill Technologie nicht länger ignorieren.

Am nächsten Morgen setzte Kerstin sich mit ihrem Vater, Professor Schimazeck, in seinem Arbeitszimmer zusammen. Der Raum war gefüllt mit Büchern, Karten und archäologischen Artefakten. Eine Aura der Gelehrsamkeit und Neugierde lag in der Luft.

„Vater, ich muss mit dir über etwas Wichtiges sprechen. Es geht um das Vrill-Mineral, von dem du mir erzählt hast."

Professor Schimazeck schaute neugierig auf und legte sein Buch beiseite. Seine Augen, die von Jahrzehnten des Forschens und Entdeckens geprägt waren, ruhten auf Kerstin.

„Nun, meine Liebe, erzähl mir davon. Du weißt, wie sehr ich die Geheimnisse der Vergangenheit schätze."

Kerstin begann von ihren Begegnungen mit der Vrill Technologie zu erzählen, von den faszinierenden Eigenschaften, die sie gesehen hatte, und von dem Verlangen, mehr darüber zu erfahren. Sie sprach von ihrem Entschluss, dem ‚Blutkreuz Korbs' beizutreten, um tiefer in diese Geheimnisse einzudringen.

Professor Schimazeck hörte aufmerksam zu, während sich seine Miene allmählich zu einem nachdenklichen Ausdruck wandelte.

„Mein Kind, du stehst vor einer bedeutenden Entscheidung. Die Vrill Technologie ist zweifellos ein Meilenstein in der menschlichen Geschichte. Doch bedenke, dass deine Leidenschaft für die Archäologie dich bislang geprägt hat. Bist du bereit, diese Aufgabe aufzugeben?"

„Vater, ich spüre eine tiefe Verbindung zu dieser Technologie. Es ist wie eine unbekannte Welt, die mich ruft. Aber ich möchte nicht die Archäologie aufgeben. Ich glaube, dass ich beides miteinander vereinen kann, dass ich die Vergangenheit erforschen und gleichzeitig das Potenzial der Zukunft erkunden kann."

Professor Schimazeck blickte Kerstin mit einem sanften Lächeln an und legte beruhigend seine Hand auf ihre. „Ich kümmere mich darum, meine Liebe. Dein Verständnis bedeutet mir alles!", versicherte er ihr.

Nachdem Kerstin das Arbeitszimmer ihres Vaters verlassen hatte, griff Professor Schimazeck zum Telefon, um seinen alten Freund Baron von Thaler zu erreichen, der sich gerade in Florenz aufhielt.

Im Verlauf ihres Gesprächs bat der Professor den Barron um ein Treffen auf seinem toskanischen Anwesen. Ohne zu zögern, stimmte Baron von Thaler zu, und sie beschlossen, sich am folgenden Tag zu sehen. Sie verabschiedeten sich mit einem herzlichen „Bis morgen!".

Am nächsten Tag, auf dem Anwesen des Professors in der Toskana, trafen sich Professor Schimazeck und Leopold von Thaler, um über Kerstins Eintritt in den „Blutkreuz Korps" zu sprechen. Die beiden Männer kannten sich seit vielen Jahren und hatten gemeinsam zahlreiche archäologische Abenteuer erlebt.

„Leopold, mein alter Freund", begann Professor Schimazeck, „ich stehe vor einer schweren Entscheidung. Meine Tochter Kerstin sehnt sich nach neuen Erkenntnissen und Abenteuern, und ich spüre, dass der ‚Blutkreuz Korps' ihr genau das bieten kann. Aber ich mache mir auch Sorgen um ihre Sicherheit und die Geheimnisse, denen sie begegnen wird."

Leopold von Thaler, ein erfahrener und weiser Mann, nickte verständnisvoll. „Ich kann deine Bedenken nachvollziehen, alter Freund. Der ‚Blutkreuz Korps' ist eine Organisation von unschätzbarem Wert, aber auch voller Gefahren. Doch wir beide haben gemeinsam Zeiten des Wandels durchlebt und wissen, dass man manchmal Risiken eingehen muss, um Erkenntnis und Fortschritt zu erlangen."

Professor Schimazeck seufzte und faltete die Hände. „Du hast Recht, Leopold. Ich habe Kerstin immer ermutigt ihren eigenen Weg zu gehen und ihre Leidenschaft zu verfolgen. Die Archäologie hat uns so viel gelehrt, aber es gibt noch so viele ungelöste Rätsel. Wenn sie glaubt, dass der ‚Blutkreuz Korps' ihr dabei helfen kann diese Rätsel zu entschlüsseln, dann muss ich sie unterstützen."

Leopold von Thaler legte eine Hand auf die Schulter des Professors. „Wir werden gut auf sie aufpassen, alter Freund. Der ‚Blutkreuz Korps' ist wie eine Familie, die füreinander einsteht. Kerstin wird von erfahrenen Mitgliedern begleitet und lernt von den Besten. Und wer weiß, vielleicht kann sie selbst einen wertvollen Beitrag leisten."

Ein Hauch von Stolz lag in Professor Schimazecks Augen, als er auf seine Tochter blickte. „Du hast recht, Leopold. Kerstin hat einen scharfen Verstand und einen unstillbaren Wissensdurst. Sie wird ihren eigenen Weg gehen und ihre eigenen Abenteuer erleben. Ich werde sie unterstützen und ihr Rückhalt sein, egal wohin dieser Weg sie führt."

Mit einer festen Umarmung verabschiedeten sich die beiden Männer. Professor Schimazeck wusste, dass dies der richtige Schritt für Kerstin war, auch wenn es ihn mit gemischten Gefühlen erfüllte. Er vertraute darauf, dass sie in der Welt des ‚Blutkreuz Korps' ihre Bestimmung finden würde und, dass ihre Reise voller Geheimnisse und Erkenntnisse sein würde.

Und so setzte er alles in die Wege, damit Kerstin in den „Blutkreuz Korps" eintreten konnte. Eine neue Phase ihres Lebens begann und Professor Schimazeck war fest entschlossen ihr dabei zur Seite zu stehen und sie auf ihrem Weg zu unterstützen.

Kerstin in Uniform am Tag ihrer Vereidigung

Zwei Wochen später, in einem abgelegenen Schloss, das hoch über den Hügeln der Toskana thronte, fand die geheime Vereidigung, extra von ihrem Vater für seine Tochter Kerstin geplant und inszeniert, statt. Der Komplex war speziell für diese Zeremonie hergerichtet worden.

Der Tag der Vereidigung war von großer Bedeutung für Professor Schimazeck. Er hatte jeden Aspekt der Zeremonie sorgfältig geplant und inszeniert, um sicherzustellen, dass Kerstins Vereidigung ein einzigartiges und besonderes Ereignis für sie werden würde. Der Veranstaltungsort war in ein geheimnisvolles Dämmerlicht gehüllt. An den Wänden hingen Fahnen mit dem Emblem des Blutkreuz Korps, während die Mitglieder des Ordens in ihren dunklen Uniformen aufgereiht dastanden. Professor Schimazeck, stolz und ergriffen, betrachtete die Szenerie, die er geschaffen hatte.

Kerstin trat vor, gekleidet in eine spezielle Uniform, die eigens für diesen Anlass angefertigt worden war. Ihr Vater begleitete sie, während sie sich vor den Mitgliedern des ‚Blutkreuz Korps' aufstellte. Auch Kvasir, der außerirdische, war anwesend. Die Stimmung war gespannt und erwartungsvoll.

Professor Schimazeck trat vor und hielt eine leidenschaftliche Rede über die Geschichte und die Mission des ‚Blutkreuz Korps'. Er betonte die Wichtigkeit der Geheimhaltung und der Verantwortung, die mit der Mitgliedschaft im Orden einhergingen. Seine Worte hallten durch den Raum und erfüllten die Herzen der Anwesenden mit Stolz und Entschlossenheit.

Kerstin stand fest und selbstbewusst vor den Mitgliedern des ‚Blutkreuz Korps', als sie den Eid der absoluten Geheimhaltung und des Stillschweigens ablegte. Jedes Wort kam mit einer unerschütterlichen Entschlossenheit aus ihrem Mund und verankerte sich tief in ihrer Seele. Sie war bereit die Aufgaben und Herausforderungen anzunehmen, die vor ihr lagen.

Nachdem Kerstin den Eid abgelegt hatte, reichte Professor Schimazeck ihr den blutroten Kreuzorden. Das Emblem des Ordens schimmerte im Licht und verkörperte die Werte und die

Verpflichtung, die mit der Mitgliedschaft im ‚Blutkreuz Korps' einhergingen. Kerstin nahm den Orden entgegen und fühlte eine Woge der Dankbarkeit und Entschlossenheit in sich aufsteigen.

Die Mitglieder des ‚Blutkreuz Korps' applaudierten Kerstin und hießen sie herzlich willkommen. Sie wussten, dass sie eine besondere Kameradin gewonnen hatten, die bereit war, ihre Fähigkeiten und ihr Wissen in den Dienst des ‚Blutkreuz Korps' zu stellen. Gemeinsam würden sie die Geheimnisse der außerirdischen Technologie entschlüsseln und die Welt vor den Gefahren schützen, die damit einhergingen.

Die Vereidigung markierte einen Wendepunkt in Kerstins Leben. In ihrer speziellen Uniform fühlte sie sich geehrt und verpflichtet, dem Vermächtnis des ‚Blutkreuz Korps' gerecht zu werden.

Das Anwesen von Professor Schimazeck

Nachdem Kerstin die Vereidigung hinter sich gebracht hatte, beschloss sie, sich eine wohlverdiente Auszeit zu nehmen. Die Toskana bot den perfekten Ort, um zur Ruhe zu kommen und Zeit mit ihren Eltern zu verbringen.

Das warme Wetter, die malerischen Landschaften und die köstliche italienische Küche ließen sie den Alltagsstress schnell vergessen. In der warmen Geborgenheit in ihrem Familienkreis verging die Zeit seit der Vereidigung für Kerstin wie im Flug – sie war schon eine Woche her. Mitten in dieser harmonischen Stimmung platze unverhofft ein Umschlag, gesendet vom Blutkreuz Korbs, ein.

Die Unterlagen in dem Umschlag enthielten Karten, Aufzeichnungen und verblasste Fotografien.

Kerstin war überwältigt von den Unterlagen, die sie erhalten hatte. Sie vertiefte sich in die Karten, Aufzeichnungen und verblassten Fotografien und begann ihre Recherche über die Antarktis. Tag und Nacht studierte sie die Informationen, las Berichte von früheren Expeditionen und tauchte tief in das Wissen über das eisige Terrain ein.

Doch Kerstin wollte mehr als nur die technischen Aspekte der Antarktis erforschen. Sie spürte, dass es eine tiefere Verbindung gab, die sie entdecken musste.

Dafür setzte sich Kersin telefonisch mit Kvasir in Verbindung, der sich im Schloss des Baron von Thaler befand, auch bekannt als das Adlernest. Ihr innigster Wunsch war es, die Vrill-Sprache zu erlernen und die Bedeutung der Symbole zu verstehen. Nach zahlreichen Gesprächen und umfassender Planung wurde Kvasir schließlich in die Toskana gebracht, wo er Kerstin persönlich unterrichten konnte.

Während ihrer regelmäßigen Treffen tauchte Kerstin immer tiefer in die Welt der Vrill ein. Geduldig erklärte Kvasir ihr die Bedeutung der Symbole, die in ihrer Schrift verwendet wurden, sowie ihre Verbindung zur Kultur und zum Wissen der Vrill. Kerstin notierte eifrig alles, studierte und übte, um die Sprache der Vrill zu beherrschen. Im Laufe der Zeit begann Kerstin, die Symbole auf den Schriftrollen und Artefakten der Vrill zu entziffern. Sie erkannte, dass diese Symbole nicht nur einfache Zeichen waren, sondern eine tiefere Bedeutung und verborgenes Wissen vermittelten. Durch ihr hartes Training und die unermüdliche Unterstützung von Kvasir entwickelte sie ein immer tieferes Verständnis für die Sprache und die symbolische Welt der Vrill.

Sie wollte nicht nur die äußere Schönheit der Antarktis, sondern auch die Geheimnisse und verborgenen Botschaften, die das eisige Land barg, erleben.

Kvasir, der die Bedeutung dieser Reise erkannte, war bereit, sein umfangreiches Wissen mit Kerstin zu teilen. Er offenbarte ihr die tiefen Zusammenhänge der Symbole, Zeichen und Sprache der Vrill. Gemeinsam übersetzten sie die geheimnisvollen Aufzeichnungen und enthüllten die verborgene Geschichte, die in den verblassten Fotografien steckte. Mit jedem Tag, den Kerstin mit Kvasir in der Toskana auf dem Anwesen ihrer Eltern verbrachte, wuchs ihr Verständnis für die Vrill-Sprache und die Bedeutung der Symbole. Sie erkannte, dass diese Sprache nicht nur ein Mittel der Kommunikation war, sondern auch eine Verbindung zur Vergangenheit und zu den außerirdischen Wesen, die einst die Erde besucht hatten.

Bereichert mit neuem Wissen und ihrer Leidenschaft für die Erforschung der Antarktis, machte sich Kerstin schließlich auf den Weg.

Optimal vorbereitet, war sie bereit die einzigartige Schönheit und die mysteriösen Geheimnisse des eisigen Kontinents zu erkunden.

Mit Kvasirs Unterstützung und dem Wissen der Vrill-Sprache war sie zuversichtlich, dass sie in der Lage sein würde, die verborgenen Wunder der Antarktis zu entschlüsseln.

Als die Wochen in der Toskana zu Ende gingen, war Kerstin bereit für ihr nächstes großes Abenteuer. Nachdem sie sich von ihren Eltern verabschiedet hatte, nahm Kerstin das Telefon in die Hand und wählte die Nummer von Major Lothar.

Nach ein paar Signaltönen hörte sie seine vertraute Stimme am anderen Ende der Leitung.

„Lothar, hier ist Kerstin. Es tut mir leid Liebling, dass wir unser Treffen in der Toskana verschieben müssen. Ich habe meinen ersten Auftrag erhalten, meine erste Mission! Ich soll in die Antarktis reisen, um das Vrill-Mineral zu finden.“, erklärte Kerstin voller Vorfreude.

„Mein Schatz, das ist eine faszinierende Mission!“

„Danke, Liebling. Diese Möglichkeit, etwas Bedeutendes zu entdecken, ist einfach unglaublich.“

„Ich weiß, dass du die richtige Person für diese Aufgabe bist. Du bist mutig, intelligent und leidenschaftlich. Versprich mir, dass du auf dich aufpasst und dich um deine Sicherheit kümmerst.“, ermutige Lothar sie.

„Natürlich, mein Schatz. Ich werde sicherstellen, dass ich gut vorbereitet bin und alle notwendigen Vorkehrungen treffe. Und du wirst immer in meinen Gedanken sein, während ich mich in der eisigen Antarktis herumtreibe.“

„Wir sind ein Team, Kerstin. Auch wenn wir räumlich voneinander getrennt sind, werden wir immer miteinander verbunden sein. Du kannst auf meine Unterstützung zählen, egal was passiert.“

Kerstin war gerührt von Lothars Worten. „Das bedeutet mir so viel, Liebling. Ich werde dich regelmäßig über den Fortschritt meiner Mission informieren und dich auf dem Laufenden halten.“

„Ich glaube an dich, meine Liebe. Du bist stark und furchtlos. Die Antarktis mag ein anspruchsvolles Umfeld sein, aber ich vertraue darauf, dass du das Vrill-Mineral finden wirst.“

„Danke für deine bedingungslose Unterstützung. Du gibst mir den Mut, den ich brauche, um diese Herausforderung anzunehmen. Ich liebe dich, und, wenn ich zurückkehre, werden wir diese Errungenschaft gemeinsam feiern.“

„Ich liebe dich auch, Kerstin. Pass auf dich auf und komm gesund und voller spannender Geschichten zurück. Ich zähle die Tage, bis wir wieder zusammen sind.“

„Auf Wiedersehen, mein Schatz. Bis bald. Ich werde dich vermissen."

„Auf Wiedersehen, meine Liebe. Denke immer daran, dass ich an dich glaube. Komm gesund und voller Erfolge zurück."

Das Gespräch endete mit einem liebevollen Abschied, während sich Kerstin auf ihr Abenteuer in der Antarktis vorbereitete und Major Lothar, voller Stolz und Vorfreude, auf ihre Rückkehr wartete.

Kapitel 5

Kerstins Aufbruch in die Antarktis

Als der Tag der Abreise in die Antarktis anbrach, war Kerstin voller Vorfreude auf das bevorstehende Abenteuer. Sie verabschiedete sich von ihren Eltern, die stolz über ihre mutige Entscheidung waren, und machte sich auf den Weg zum Hafen. Die Fahrt von der Toskana zum Hafen war malerisch, während sie durch idyllische Landschaften und verschlafenen Dörfer fuhr.

Am Hafen angekommen, erwartete Kerstin bereits ein imposantes arktis-taugliches Schiff. Es war robust und für die extremen Bedingungen der Antarktis ausgelegt. Der Anblick ließ ihr Herz vor Aufregung höher schlagen. Die Mannschaft war bereits dabei das Schiff für die bevorstehende Reise vorzubereiten.

Kerstin betrat das Schiff und wurde herzlich von der Crew begrüßt. Sie fühlte sich sofort willkommen und wusste, dass sie auf dieser Expedition in guten Händen war. Ihr wurde ihre Kabine zugewiesen, in der sie sich einrichtete und ihre persönlichen Gegenstände verstaute. Kerstins Kabine auf dem antarktischen Schiff war klein, aber gemütlich eingerichtet. Die Wände waren aus robustem Holz und verliehen dem Raum eine warme Atmosphäre. Das Bett, das an der einen Seite der Kabine stand, war mit bequemen Matratzen und warmen Decken ausgestattet, um Kerstin einen erholsamen Schlaf in den eisigen Nächten zu ermöglichen. Ein kleiner Schreibtisch mit einem Stuhl bot Kerstin einen Arbeitsbereich, an dem sie ihre Forschungsunterlagen studieren und ihre Gedanken festhalten konnte. Über dem Schreibtisch hing eine Weltkarte, die die Route der Expedition zeigte und Kerstin daran erinnerte, wie weit sie von zu Hause entfernt war.

Ein kleiner Schrank und ein Regal boten ausreichend Stauraum für ihre Kleidung, Ausrüstung und persönlichen Gegenstände. Kerstin nutzte den begrenzten Platz geschickt und sorgte dafür, dass alles ordentlich und gut organisiert war. Das Fenster in ihrer Kabine bot einen atemberaubenden Ausblick auf den Hafen und all die geschäftigen Hafenanlagen. Die Szenerie faszinierte sie, und sie konnte nicht aufhören die großen Frachtschiffe zu beobachten, die scheinbar mühelos durch das glitzernde Wasser glitten. Der Anblick erfüllte sie mit einer Mischung aus Ehrfurcht und Vorfreude auf die bevorstehende Reise.

Das Badezimmer in der Kabine war einfach, aber funktional. Eine Dusche mit warmem Wasser und eine Toilette waren vorhanden, um Kerstin eine gewisse Bequemlichkeit während ihrer Reise zu bieten. Obwohl es nicht luxuriös war, erfüllte es den Zweck und ermöglichte es ihr, sich frisch zu machen und zu entspannen.

Kerstin verbrachte nur wenig Zeit in ihrer Kabine, da sie meistens auf Deck oder im Forschungslabor anzutreffen war. Dennoch war ihre Kabine ein kleiner Rückzugsort, an dem sie sich ausruhen und zur Ruhe kommen konnte, bevor sie sich erneut den Herausforderungen der Expedition stellte. In dieser einfachen Kabine auf dem antarktischen Schiff fühlte sich Kerstin bereit, um sich auf die Suche nach dem wertvollen Vrill-Mineral zu machen. Sie wusste, dass sie sich auf ihre Entschlossenheit und die Unterstützung ihres Teams verlassen konnte, um diese herausfordernde Mission erfolgreich abzuschließen.

Während das Schiff den Hafen verließ, konnte Kerstin bereits die salzige Meeresluft auf ihrer Haut spüren. Die Wellen schaukelten das Schiff sanft hin und her, während es sich seinen Weg durch das tiefblaue Wasser bahnte. Kerstin ging an Deck und genoss den Blick auf die sich zurückziehende Küste, während das Schiff den Kurs in Richtung Antarktis nahm.

Die Tage auf See vergingen schnell und Kerstin nutzte die Zeit, um sich mit anderen Passagieren auszutauschen, die genauso abenteuerlustig waren wie sie. Sie teilten Geschichten, Erfahrungen und Vorfreude auf das, was sie in der Antarktis erwarten würde.

Gemeinsam mit der Crew bereiteten sie sich auch auf die Sicherheitsmaßnahmen vor und erhielten Informationen über das, was sie auf dem Kontinent erwartete.

Nach einem Monat erreichte das Schiff schließlich das eisige Gewässer der Antarktis. Das klare, kühle Wasser war von majestätischen Eisbergen und packendem weißen Schnee geprägt. Kerstin war überwältigt von der atemberaubenden Schönheit dieser einzigartigen Umgebung.

Kerstin auf dem Weg in die Antarktis

Während das seetüchtige Forschungsschiff ‚Eisenerz' behutsam seine Position für die Landung einnahm, bereitete sich Kerstin mit wachsender Aufregung auf ihre Expedition zur Suche des Vrill-Minerals vor. Sie zog ihre wärmste Kleidung an, um der beißenden Kälte der Umgebung zu trotzen, und schulterte ihren Rucksack, der sorgfältig mit notwendiger Ausrüstung und Instrumenten für die archäologische Forschung gepackt war.

Die Crew arbeitete routiniert an der Vorbereitung der Landung, während das Schiff sich sanft durch die Wellen bewegte. Unter dem Kommando des Kapitäns Henriksson wurden die letzten Checks durchgeführt, um eine sichere Annäherung an den rauen Küstenstreifen zu gewährleisten. Kerstin beobachtete das geübte Zusammenspiel der Crew, während das Schiff sanft auf der Wasseroberfläche glitt und die Wellen leicht gegen den Rumpf schlugen.

Mit einem festen Griff um ihren Rucksack und einem tiefen Atemzug der Entschlossenheit, betrat Kerstin das Beiboot, das sie vom Forschungsschiff ‚Eisenerz‘ an Land bringen würde. Sie schaute noch einmal zurück auf das imposante Arktisschiff und blickte danach fest nach vorne auf die unerforschte Küste, die schon bald das Zentrum ihrer archäologischen Forschungen sein würde. Während das Beiboot durch die Wellen schnitt und das Ufer immer näher rückte, sammelte sie ihre Gedanken und konzentrierte sich auf die bevorstehenden Herausforderungen und Entdeckungen ihrer Expedition.

Kerstin und ihr Team wurden herzlich in der Antarktis empfangen und zu ihren Unterkünften gebracht. Die Einrichtungen waren gut ausgestattet und boten den Wissenschaftlern den nötigen Komfort für ihre Expedition.

Kerstins Unterkunft in der Antarktis war klein, aber gemütlich und funktional. Es bestand aus einem einzelnen Raum, der als Schlafbereich, Arbeitsbereich und Rückzugsort dienen sollte.

Das Zimmer war mit einem bequemen Bett ausgestattet, das mit warmen Decken und kuscheligen Kissen versehen war. Kerstin hatte genügend Platz, um sich auszustrecken und eine erholsame Nachtruhe zu genießen. Es gab auch einen kleinen Sitzbereich mit einem bequemen Stuhl und einem Tisch, an dem Kerstin lesen, oder sich entspannen konnte.

Ein Regal entlang einer Wand bot außerdem Stauraum für ihre persönlichen Gegenstände und Forschungsmaterialien.

Insgesamt war die Unterkunft gut isoliert, um die Kälte draußen zu halten, und zudem mit einer Heizung ausgestattet, die eine angenehme Raumtemperatur gewährleistete. Große Fenster ermöglichten einen Blick auf die beeindruckende antarktische Landschaft und ließen Tageslicht hereinströmen.

Ein kleines Badezimmer mit Dusche und Toilette vervollständigte die Unterkunft. Obwohl einfach, erfüllte es den Zweck und bot Kerstin die nötige Privatsphäre und Hygiene.

Kerstins Unterkunft während der Expedition war mehr als nur ein Schlafplatz; es war ihr persönlicher Rückzugsort und ein effizient eingerichteter Arbeitsbereich. Ein Schreibtisch, auf dem wissenschaftliche Instrumente sorgfältig angeordnet waren, stand in einer Ecke des Zimmers, bereit für ihre Forschungen. Diese Unterkunft war sowohl gemütlich als auch funktional gestaltet und bot ihr alles, was sie für ihren Aufenthalt in der herausfordernden Umgebung der Antarktis benötigte. Hier, umgeben von den Werkzeugen ihres Handwerks, konnte Kerstin tief in die Geheimnisse des Vrill-Minerals eintauchen, ihre Studien vertiefen und strategische Pläne für ihre zukünftige Forschungsarbeit entwickeln.

Nach einer kurzen Ruhepause und einem erfrischenden Briefing am Abend, waren sie bereit für den aufregenden Tag, der vor ihnen lag.

Am nächsten Morgen herrschte eine gespannte Atmosphäre im Frühstücksraum, als das Team sich versammelte. Die Aufregung und Vorfreude waren spürbar. Kerstin, die Archäologin, war voller Tatendrang und konnte es kaum erwarten mit den Untersuchungen zu beginnen.

Das Briefing am Morgen war entscheidend, um alle auf dem neuesten Stand zu halten und die Ziele der Expedition zu verdeutlichen. Die Teammitglieder wurden über die geplanten Aktivitäten informiert, darunter die Suche nach dem Vrill Mineral.

Nach dem Briefing machte sich das Team bereit und rüstete sich mit ihren Schutzanzügen und Ausrüstungen aus. Sie prüften ein letztes Mal ihre Instrumente und testeten die Kommunikationssysteme, um sicherzustellen, dass alles einwandfrei funktionierte.

Mit dem Wissen, dass sie Teil einer bedeutenden Expedition waren, schritten Kerstin und ihr Team in die eisige, trotz Sommerzeit, immer noch minus 20 Grad Celsius kalte Landschaft der Antarktis. Das Knirschen des Schnees unter ihren Stiefeln und das klare, kalte Licht der Sonne begleiteten sie auf ihrem

Weg. In den Weiten der Antarktis, fernab der Zivilisation, erreichte Kerstin mit ihrem Expeditions-Team schließlich die Absturzstelle, an der das abgestürzte Vrill-Raumschiff bis 1940 lag. Sie trug ihre Kamera bei sich und begann sofort damit, die geheimnisvollen Symbole zu fotografieren und akribisch zu dokumentieren. Kerstins umfassendes Wissen über die Vrill-Kultur, das sie als Einzige von Kvasir erhalten hatte, erwies sich als ein unschätzbarer Vorteil. Kvasirs Lehren über die Vrill-Sprache, ihre Symbole und Technologien machten sie zu einer herausragenden Forscherin, die in der Lage war, die komplexen Zusammenhänge zu entschlüsseln und zu verstehen.

In den eisigen Weiten der Antarktis verfolgte Kerstin mit ihrer mutigen Expedition einen klaren Kurs. Die Suche nach dem sagenumwobenen Vrill-Mineral. Die Expedition in dieser gnadenlosen Kälte war ein langer und beschwerlicher Weg, der die Entschlossenheit des Teams auf die Probe stellte. Die eisige Stille wurde nur vom Heulen des Windes durchbrochen, der ihnen eiskalte Böen entgegenschleuderte.

Aber dann, nach endlosen Meilen des Durchhaltens und des Kämpfens gegen die Naturgewalten, stießen sie endlich auf eine vielversprechende Spur. Basierend auf Kerstins genialer Entschlüsselung der geheimnisvollen Vrill-Symbole und den kryptischen Hinweisen aus der Höhle, wagten sie sich auf ein gefährliches Abenteuer. Die Landschaft wurde immer faszinierender, die Berge schienen den Himmel zu durchbohren, und der eisige Boden knirschte unter ihren Schritten.

Jeder Augenblick war mit Spannung und Erwartung erfüllt, während sie dem Weg folgten, der sie immer höher und tiefer in die Eisige Hölle führte. Ihre Atmung wurde schwerer, die Kälte biss in ihre Knochen, aber ihr unerschütterlicher Wille trieb sie weiter voran.

Schließlich erreichten sie das Bergplateau, und der Anblick, der sich ihnen bot, war atemberaubend. Die majestätische Schönheit dieser entlegenen Region verschlug ihnen den Atem.

Es war, als stünden sie an der Schwelle einer anderen Welt, bereit, das Geheimnis des Vrill-Minerals zu lüften.

Der Puls des Abenteuers schlug in ihren Herzen und die Aussicht auf Entdeckungen von ungeahnter Bedeutung ließ ihre Herzen höher schlagen.

Als sie schließlich auf dem Bergplateau eine tief in den Berg führende Höhle erspähten, beschlossen sie, dort ein Camp zu errichten. Die Höhle bot Schutz vor der eisigen Kälte und dem Wind. Sie richteten eine Funkstation ein, um in Kontakt mit dem Basislager zu bleiben, und setzten eine Nachricht ab, um ihre Entdeckung mitzuteilen. Stunden später, als die Forscher noch tiefer in die Höhle vordrangen, offenbarte sich ihnen eine phantastische Welt.

Die Dunkelheit der Höhlen schien endlos, und als sie ihre Taschenlampen einschalteten, enthüllten sich faszinierende geologische Formationen, die Jahrtausende in der Stille dieser Höhlen gewachsen waren. Kristallklare Stalaktiten und Stalagmiten schimmerten im Licht und gaben den Höhlen eine fast mystische Atmosphäre. Aber das war noch nicht alles. Kerstin, immer neugierig und aufmerksam, bemerkte, dass je weiter sie in die Höhlen vordrangen, desto mehr wurde ihre Aufmerksamkeit auf ein seltsames Glühen gelenkt. Als sie näher herangingen, entdeckten sie eine Höhlenkammer, die von einer erstaunlichen fluoreszierenden Pflanzenwelt beleuchtet wurde. Die Wände der Kammer waren mit leuchtend blauen und grünen Flechten bedeckt, die im Dunkeln leuchteten und den Raum in ein magisches Licht tauchten.

Kerstin und ihr Team konnten kaum glauben, was sie sahen. Diese unerwartete Entdeckung war wie etwas aus einem Science-Fiction-Film, aber sie war real. Die Höhlen des Plateaus bargen eine völlig neue ökologische Nische, die darauf wartete, erforscht und verstanden zu werden.

Während sie die geheimnisvolle Höhle weiter erkundeten, fiel ihnen auf, dass einige dieser leuchtenden Flechtenarten bei extrem niedrigen Temperaturen, sogar bis -10 Grad Celsius, Photosynthese betreiben konnten. Das deutete darauf hin, dass es in dieser Höhle wärmer als -10 Grad Celsius sein musste, um solche Reaktionen zu ermöglichen. Darüber hinaus bemerkten sie, dass die Temperatur in der Höhle umso wärmer wurde, je tiefer sie vordrangen. Dieser unerwartete Anstieg der Temperatur faszinierte die Forscher und war ein weiteres Rätsel, das es zu lösen galt.

Die Forscher konzentrierten sich auf die Probenahme und Dokumentation dieser einzigartigen Flora und Fauna, während sie gleichzeitig Messungen durchführten, um die Temperatur und andere Umweltbedingungen in der Höhle zu erfassen. Jeder Schritt brachte neue Erkenntnisse und Geheimnisse ans Licht, die darauf warteten, enthüllt zu werden.

Es war eine Expedition voller Wunder und Überraschungen, die die Grenzen der Vorstellungskraft sprengte. Die Tage vergingen, und sie vertieften ihre Forschung in den Höhlen des Plateaus, immer fasziniert von der unerwarteten Vielfalt des Lebens in dieser, auf den ersten Blick lebensfeindlichen Umgebung. Und während sie weiterhin nach dem Vrill-Mineral suchten, erkannten sie, dass sie nicht nur ein wertvolles Erz, sondern auch den Schlüssel zu einer neuen Welt der Wissenschaft und Entdeckung gefunden hatten.

Nach mehreren Tagen und dem Heranschaffen weiterer Ressourcen aus der Basisstation, konnten sie die angenehmen Temperaturen in der Höhle ohne zusätzliches Heizen genießen.

Nach einer weiteren Expedition mit Kerstin in den tiefen Höhlen des Plateaus, offenbarte sich den Forschern eine unglaubliche Entdeckung. Als sie in eine verborgene Kammer stießen, die von den Vrill vor Jahrhunderten genutzt wurde, um das kostbare Vrill-Mineral aufzubewahren, stockte ihnen der Atem. Dieses Mineral bildete die Grundlage für die fortschrittliche Technologie der Vrill und war von unschätzbarem Wert.

Die Spannung in der Gruppe war förmlich greifbar, als sie das Vrill-Mineral behutsam untersuchten und Proben davon entnahmen. Kerstin fühlte sich überwältigt von diesem Fund, der ihre Forschung und ihre Mission auf eine völlig neue Ebene hob. Doch die Entdeckung hörte hier nicht auf. Hinter der riesigen Kammer erstreckte sich eine weitere Höhle, in der sich uralte Vrill-Maschinen befanden, die seit Jahrhunderten nicht mehr benutzt worden waren. Daneben führte ein Gang zu einer zweiten Höhle, die sich ideal für eine Kommandozentrale anbot.

Während die Expedition in der Antarktis weiterhin aufregend und voller Entdeckungen verlief, erwies sich die Höhle als idealer Standort für eine neue Basis. Anders als die karge und unwirtliche Umgebung draußen, war es in der Höhle angenehm warm. Sie beschlossen das gefundene Vrill-Mineral vor Ort zu lassen und die Höhle, die besser geeignet war als alles, was sie je finden würden, als Basis zu nutzen.

Die Erforschung der Höhle ging weiter, und Kerstin und ihr Team arbeiteten hart daran, die alten Maschinen und Gerätschaften im hinteren Teil der Höhle wieder zum Laufen zu bringen. Diese Technologie versprach nicht nur das Vrill-Mineral effektiv abzubauen, sondern barg auch das Potenzial mehr über die Vrill und ihre Geschichte zu erfahren.

Die Expeditionsteilnehmer waren voller Optimismus und Neugierde, da sie sich inmitten dieser faszinierenden Entdeckungen befanden. Die Kälte draußen in der Antarktis schien für einen Moment vergessen zu sein, und das Team wurde von einem Gefühl der Zusammengehörigkeit und des Abenteuergeistes erfüllt.

In den nächsten Tagen verlegten sie Stromleitungen, um Licht in die Höhlen und Kammern zu bringen, und schufen eine Kommandozentrale mit einer Kommunikationsanlage, die sie mit der Basisstation in Verbindung brachte. Die Nachricht vom Fund des Vrill-Minerals wurde an das ‚Blutkreuz-Korps' weitergeleitet, um Unterstützung und zusätzliche Ressourcen zu erhalten.

Die Höhle wurde nach und nach zu einem zentralen Stützpunkt für ihre Mission, und die Expeditionsteilnehmer waren bereit für die spannenden Herausforderungen, die noch vor ihnen lagen.

Kerstin führte ihr Team durch diese faszinierende Expedition und bewies einmal mehr ihre unerschütterliche Entschlossenheit und ihren scharfen Forschergeist. Doch gleichzeitig erkannten sie, dass diese Geheimnisse vorerst mit äußerster Vorsicht behandelt werden mussten. Die außerirdische Technologie und das Vrill-Mineral durften auf keinen Fall in die falschen Hände geraten.

Kerstin beendete vorerst ihre aufregende Mission in der Antarktis. Das Hauptziel der Expedition war das Auffinden des Vrill-Minerals, wie es in den Unterlagen des ‚Blutkreuz Korbs' festgelegt war.

Während Kerstin weiterhin in der Antarktis verweilte und auf neue Missionen vom ‚Blutkreuz Korbs' wartete, ahnte sie nicht, dass Major Lothar bereits unterwegs war, um sie für eine weitere Mission abzuholen – einen aufregenden Flug mit dem Haunebu 2 Raumschiff zum Mond. Das in der Antarktis gefundene Vrill-Mineral wurde in speziellen Flugzeugen nach Deutschland transportiert und schließlich auf das Anwesen von Baron von Thaler gebracht.

Dort, in den isolierten Laboren des ‚Blutkreuz Korbs' in Europa, begannen die Wissenschaftler eingehende Untersuchungen des Vrill-Erzes und dessen rätselhafter Eigenschaften.

Ihr Ziel war es, die geheimnisvolle Energie, die in diesem Kristall schlummerte, vollständig zu verstehen und sie für verschiedene Anwendungen, einschließlich der Verbesserung von Waffen, Treibstoffen und anderer Technologien, nutzbar zu machen. Die Forscher waren von der unglaublichen Potenz dieses Minerals fasziniert und erkannten schnell, welches bahnbrechende Potenzial darin lag.

Ein geheimes Vrill-Labor

Das Geheimnis des Vrill-Minerals
Eine bahnbrechende Entdeckung am eisigen Rand der Welt

Am Rande der eisigen Weiten machten Forscher eine bahnbrechende Entdeckung: Das Vrill-Erz, eine außerirdische Energiequelle von immenser Kraft. Es war nicht nur fähig Sprengstoffe zu verstärken und als effizienter Brennstoff zu fungieren, sondern es revolutionierte auch die Materialwissenschaften durch seine Fähigkeit Metalle widerstandsfähiger und gleichzeitig leichter zu machen. Unterstützt von Kvasir, einem außerirdischen Experten vom Planeten Vrill, begannen die Wissenschaftler die geheimnisvollen Eigenschaften des ‚VK-Erzes', der Abkürzung für das Vrill-Kulturerz, zu erforschen. Die natürliche Farbgebung des Erzes variierte zwischen einem hypnotisierenden Blau-Weiß und einem bedrohlichen Rot-Schwarz, wobei jede Farbe unterschiedliche Eigenschaften aufwies. Das blau-weiße Erz ähnelte in seinen Eigenschaften der Radioaktivität, erzeugte jedoch eine sanfte, pulsierende Energie, die subtile Veränderungen in der Umgebung bewirkte. Die rot-schwarze Variante dagegen gab eine intensivere Energie ab, die sogar die Atmosphäre um das Erz beeinflussen konnte. Diese faszinierenden Eigenschaften des VK-Erzes stellten die Wissenschaftler vor eine Herausforderung, da sie teilweise den bekannten physikalischen Gesetzen widersprachen. Es handelte sich um eine völlig neue Energieform, deren Geheimnisse noch entschlüsselt werden mussten. Kvasir, der außerirdische Experte vom Planeten Vrill, spielte eine entscheidende Rolle bei der Entschlüsselung der Geheimnisse des VK-Erzes. Er übermittelte den Forschern des ‚Blutkreuz Korbs' detailliertes Wissen über die Eigenschaften und den Einsatz des Vrill-Minerals. Mit seiner umfassenden Expertise und seinem tiefen Verständnis des VK-Erzes ermöglichte er es den Wissenschaftlern die vielfältigen Anwendungsmöglichkeiten dieses einzigartigen Minerals vollständig zu erfassen und nutzbar zu machen.

Kapitel 6

Wiedervereinigung in der Antarktis: Kapitän Lothar holt Kerstin für ein neues Abenteuer ab

Major Lothar hatte mit großer Entschlossenheit eine lang ersehnte Mission beantragt, um Kerstin in der Antarktis abzuholen und gemeinsam mit ihr eine neue Mission zu beginnen. Trotz der herausfordernden Umstände und strengen Vorschriften hatte er die Erlaubnis für diese außergewöhnliche Reise erfolgreich erhalten. Kerstin erfuhr von ihrer neuen Mission durch Lothar, und sie war bereit, sich den kommenden Herausforderungen zu stellen. Er reichte Anträge ein, sprach mit Vorgesetzten und setzte sich leidenschaftlich für diese einmalige Gelegenheit ein, gemeinsam ins Weltall zu reisen und dabei seine große Liebe, Kerstin, die sich gerade in der Antarktis aufhielt, abzuholen. Nach sorgfältiger Prüfung wurde sein Antrag schließlich vom ‚Blutkreuz-Korbs' genehmigt, und er erhielt die Beförderung zum Kapitän.

Lothar konnte seine Freude kaum in Worte fassen. Ihm war bewusst, dass diese Mission nicht nur von großer Bedeutung war, sondern auch ihre Liebe und Bindung als Paar stärken würde.

Kapitän Lothar setzte sich an die Kommunikationskonsole in seinem Raumschiff und verfasste eine Nachricht an die Basisstation in der Antarktis. Seine Finger flogen über die Tastatur, als er schrieb: „Hier spricht Kapitän Lothar. Ich plane in zwei Tagen in der Antarktis anzukommen, um die Archäologin Kerstin abzuholen. Bitte bereitet alles für unsere Ankunft vor."

Die Nachricht wurde mit höchster Priorität markiert und sofort an die Basisstation gesendet. Lothar wusste, dass die Vorbereitungen für diese Mission sorgfältig durchgeführt werden mussten. Die Antarktis war ein unwirtlicher Ort, und sie würden auf die strengen Bedingungen vorbereitet sein müssen, um Kerstin sicher zurückzubringen. Als Kapitän Lothar auf die ersehnte Nachricht von der Basisstation wartete, die ihn schließlich eine halbe Stunde später erreichte, dachte Lothar an die bevorstehende Wiedervereinigung mit Kerstin. Sie waren schon so lange voneinander getrennt gewesen, während sie beide ihren Leidenschaften und Berufen nachgingen. Diese Mission war nicht nur eine berufliche Gelegenheit, sondern auch eine Chance, ihre Liebe und Bindung zu stärken.

Lothar konnte es kaum erwarten Kerstin wieder in seine Arme zu schließen und mit ihr gemeinsam in den Weltraum zu fliegen. Kapitän Lothar und seine Crew machten sich zwei Tage nach der Nachricht mit der ‚Haunebu 2', dem von Menschen gebauten Raumschiff mit Hilfe der Vrill-Technologie, auf den Weg in die Antarktis, um Kerstin abzuholen. Währenddessen verabschiedete sich Kerstin von ihren Kollegen und Teammitgliedern, die bedauerten eine so talentierte Forscherin und Wissenschaftlerin gehen lassen zu müssen. Ihre beeindruckenden Fähigkeiten hatten sie zu einer Schlüsselfigur im Team gemacht. Gleichzeitig erhielt Kapitän Lothar die notwendige Genehmigung, die den Weg für ihre gemeinsame spezielle Mission ebnete und ihnen beiden das offizielle ‚Go' für ihr bevorstehendes Abenteuer gab. Mit jeder Sekunde, die verging, rückte Kapitän Lothar dem Ziel näher. Sein Herz klopfte vor Aufregung, als er die eisige Küste der Antarktis vor sich sah. Er steuerte das Raumschiff geschickt und landete sanft auf dem vereisten Boden.

Lothar konnte es kaum erwarten, Kerstin wiederzusehen. Er öffnete die Türen der 30 m im Durchmesser großen ‚Haunebu 2' und trat hinaus in die eisige Kälte. Kerstin war bereits am Landeplatz und wartete gespannt auf seine Ankunft. Freudig wurde Kerstin von der Crew empfangen, die aus Charlotte, der Chefingenieurin und Navigatorin, Dr. Peter, dem Schiffsarzt, und John dem Sicherheitschef und Geologen bestand.

Als ihre Blicke sich trafen, strahlten beide vor Freude. Kapitän Lothar eilte auf Kerstin zu und nahm sie in seine Arme. Die Zeit der Trennung hatte ihre Sehnsucht nur noch verstärkt und nun waren sie endlich wieder vereint.

Kerstin lächelte glücklich und umarmte ihn fest. „Ich kann es kaum glauben, dass du hier bist", flüsterte sie. „Danke, dass du gekommen bist, um mich abzuholen."

Kapitän Lothar erwiderte: „Für dich würde ich alles tun, Kerstin. Gemeinsam werden wir jetzt in den Weltraum aufbrechen."

Beide verweilten einen Moment in Stille, während sie die kalte und beeindruckende Schönheit der Antarktis um sie herum auf sich wirken ließen. Dann gingen beide Hand in Hand zur ‚Haunebu 2'. Bereit die Reise anzutreten.

„Ja, Kapitän Lothar." sagte Kerstin.

Als Kerstin in der ‚Haunebu 2' ankam, wurde sie abermals liebevoll von der dreiköpfigen Crew begrüßt. Kapitän Lothar, ein erfahrener Weltraumpionier, stellte seine Crew vor, wobei er besonderen Wert auf die familiäre Atmosphäre an Bord legte.

„Liebe Crew, ich möchte euch Kerstin vorstellen, eine erfahrene Archäologin und Expertin für Vrill-Sprache und Kultur," begann Kapitän Lothar. „Aber sie ist nicht nur das - sie ist auch ein sehr wichtiger Mensch in meinem Leben und ich freue mich, dass sie uns auf dieser Mission begleitet."

Charlotte, die begabte Chefingenieurin und Navigatorin, lächelte Kerstin herzlich an. „Willkommen an Bord, Kerstin" sagte sie. „Ich habe bereits viel über dich gehört und ich bin sicher, dass wir großartig zusammenarbeiten werden."

John, der erfahrene Sicherheitsoffizier und Geologe, schloss sich an. „Hallo Kerstin," sagte er freundlich. „Wir sind wie eine kleine Familie hier an Bord, und du bist herzlich eingeladen, ein Teil davon zu sein. Kapitän Lothar und du - das ist doch wirklich eine besondere Geschichte."

Schließlich stellte Kapitän Lothar Dr. Peter, den erfahrenen Schiffsarzt, vor. „Dr. Peter wird sich um deine Gesundheit und unser aller Wohlbefinden kümmern" erklärte er. „Und ich bin sicher, er wird alles tun, um sicherzustellen, dass unsere kleine Weltraumfamilie gesund und glücklich bleibt."

Dr. Peter

Die herzliche Begrüßung und die liebevolle Vorstellung des Teams, zeigten Kerstin sofort, dass sie in dieser Crew nicht nur als Wissenschaftlerin, sondern als geschätztes Mitglied einer eng verbundenen Weltraumfamilie angesehen wurde.

Nach der herzlichen Begrüßung führte Kapitän Lothar Kerstin durch die Gänge des Raumschiffes und zeigte ihr die verschiedenen Bereiche, darunter das Kommandozentrum, das Labor und den Gemeinschaftsraum, in dem sich die Besatzung treffen und entspannen konnte.

Die Kabinen waren mit weichen Betten, funktionellen Arbeitsbereichen und kleinen Bullaugenfenstern ausgestattet, die trotz ihrer Größe einen atemberaubenden Blick auf den Weltraum boten. Die Technologie an Bord war auf dem neuesten Stand, und Kerstin konnte es kaum erwarten, sie zu erkunden.

Als sie schließlich in Kerstins Kabine ankamen, sah sie sich um und war begeistert von der gemütlichen Atmosphäre. „Das ist fantastisch, Lothar", sagte sie mit einem strahlenden Lächeln. „Ich kann es kaum erwarten, an dieser aufregenden Mission teilzunehmen."

Kapitän Lothar lächelte und legte sanft seine Hand auf Kerstins Schulter. „Diese Mission ist von großer Bedeutung, und ich bin froh, dass du ein Teil davon bist."

Nachdem Kapitän Lothar und Kerstin ihren Rundgang durch das Raumschiff beendet hatten, kehrten sie zur Kommandozentrale zurück, bereit für die bevorstehende Mission. Der Blick durch die kleinen Bullaugenfenster auf die eisige Antarktis war atemberaubend.

Kapitän Lothar wandte sich mit einem bedeutungsvollen Blick an Charlotte und sagte: „Charlotte, setzen Sie Kurs Richtung Mond." Charlotte antwortete sofort, spürbar berührt von der Bedeutung dieser Mission: „Aye, Kapitän, wir steuern den Mond an."

Mit einem letzten Blick auf die eisige Landschaft der Antarktis stieg das Raumschiff majestätisch in den Himmel empor, und in den Augen der Crew spiegelten sich Entschlossenheit und emotionale Verbundenheit wider. Sie waren bereit für ihr nächstes Ziel und für die wichtige Aufgabe, die vor ihnen lag.

In der Kommandozentrale der ‚Haunebu 2' saßen die Crewmitglieder, zusammen mit Kerstin und Kapitän Lothar, aufgeregt auf ihren Sitzen. Das Raumschiff glitt sanft durch den Weltraum, und die Instrumente zeigten an, dass sie sich dem Mond immer weiter näherten.

Die Mondbasis, die sie besuchen wollten, lag nur noch wenige Kilometer entfernt. Die Spannung an Bord war förmlich greifbar, da sie sich auf ihr nächstes Abenteuer vorbereiteten.

Mit ruhiger Hand steuerte Charlotte das Raumschiff und seine Crew geschickt auf den Landeplatz zu. Die Sicht auf die felsige Oberfläche des Mondes wurde immer deutlicher, während sie auf dessen reglose Umgebung zusteuerten. Die ‚Haunebu 2' verlangsamte ihre Geschwindigkeit. Kerstin beobachtete fasziniert die rauen Krater und die staubige Oberfläche, die sich unter ihnen erstreckte. Es war ein atemberaubender Anblick, der sie in Staunen versetzte.

Schließlich setzte das Raumschiff mit einem gedämpften Ruck auf der Mondoberfläche auf. Die Antigravitations-Triebwerke verstummten, und Kerstin und Kapitän Lothar atmeten erleichtert auf. Sie hatten es geschafft. Sie waren sicher auf dem Mond gelandet.

Die ‚Haunebu 2' hatte an einem Mondmodul angedockt, das es Kapitän Lothar, Kerstin und ihrer Crew ermöglichte, problemlos von ihrem Raumschiff zur Mondbasis zu gelangen. Sie mussten nur einige Schleusen öffnen, um den Übergang zu ermöglichen.

Sobald das Raumschiff sicher an der Mondbasis angekoppelt war, begann die Crew damit die notwendigen Vorbereitungen zu treffen, um das Mondmodul zu öffnen. Die Schleusen wurden geöffnet, und die Besatzung trat mit Vorfreude in das Modul ein.

Die Spannung war spürbar, als Kapitän Lothar, Kerstin und ihre Crew die sich öffnenden Türen des Mondmoduls betraten. Sie waren gespannt darauf ihre Kollegen auf der Mondbasis zu treffen und sich ihnen anzuschließen.

Die Crew wurde von den Wissenschaftlern und Forschern auf der Mondbasis herzlich empfangen. Die Freude über die Ankunft von Kapitän Lothar, Kerstin und ihrem Team war deutlich spürbar, da alle wussten, dass sie nun gemeinsam ihre Mission auf dem Mond fortsetzen konnten.

Gemeinsam betraten sie die Mondbasis und wurden von den anderen Crewmitgliedern freudig begrüßt. Die Verbindung zwischen der Mond-Crew und der Haunebu-Crew war eng, da Kapitän Lothar, ein Weltraumpionier, bei der Errichtung dieser Basis dabei war. Sie waren wie eine große Familie, und die Zusammenkunft auf dem Mond war ein herzliches Wiedersehen, begleitet von vielen Umarmungen und freudigen Gesprächen.

Der Kommandant der Mondbasis, Kommandant Michael, stand lächelnd in der Mitte der Begrüßungsrunde. Er war erleichtert und erfreut Kapitän Lothar wiederzusehen und begrüßte Kerstin, die neue, und ihr Team herzlich. „Willkommen auf unserer Mondbasis“ sagte er mit einem freundlichen Lächeln.

Natascha

„Wir sind bereit, unsere gemeinsame Mission fortzusetzen und freuen uns auf die Zusammenarbeit mit euch allen."

Die Crew der ‚Haunebu 2' brachte nicht nur Proviant und neue wissenschaftliche Geräte mit, sondern auch frische Energie und neue Perspektiven. Die Besatzung der Mondbasis war begeistert von den Möglichkeiten, die sich durch den Zusammenschluss der beiden Teams eröffneten. Kapitän Lothar konnte nicht anders, als immer wieder auf die Genehmigung zurückzublicken, die ihnen diese einmalige Erfahrung ermöglicht hatte. Sie waren Teil einer Elitegruppe von Menschen, die die Grenzen des Bekannten überschritten und ihre Träume in die Realität umgesetzt hatten.

Diese Genehmigung gab ihnen die Möglichkeit, gemeinsam als Liebespaar die Sterne zu erreichen und die Menschheit voranzubringen. Kapitän Lothar und Kerstin waren sich bewusst, dass diese Genehmigung etwas Besonderes war und sie alles daransetzen mussten, um sie zu rechtfertigen.

Während die Haunebu-Crew von dem Mond-Team in die Räumlichkeiten eingeführt wurde, übernahm Natascha die Führung, die sich speziell auf Kapitän Lothar und Kerstin konzentrierte. Schon beim Betreten der Mondbasis spürten die beiden den Nervenkitzel, der mit diesem außergewöhnlichen Ort verbunden war. Die Luft war geladen von Erwartung und Abenteuerlust.

Mit einem breiten Lächeln auf den Lippen, führte Natascha die beiden durch die verwinkelten Gänge der Mondbasis. Die Wände waren gesäumt von Bildschirmen, auf denen die unendliche Weite des Weltraumes zu sehen war. Kerstin und Kapitän Lothar konnten nicht anders, als fasziniert auf die Sternenlandschaft zu blicken, die sich jenseits der Fenster erstreckte. Der Anblick des schimmernden Erdballs aus dem Weltraum war atemberaubend und Kerstin spürte, wie sich ein Knoten in ihrem Magen löste. Die Führung zeigte die Labore, in denen bahnbrechende wissenschaftliche Experimente durchgeführt wurden. Hightech-Geräte und Monitore blinkten und summten,

während Forscher in weißen Laborkitteln ihre Arbeit verrichteten. Die Eindrücke waren überwältigend und Kerstin konnte kaum glauben, dass sie gerade auf dem Mond stand.
Schließlich erreichten sie einen Aussichtspunkt mit einem beeindruckenden Blick auf die Oberfläche des Mondes. Die raue, staubige Landschaft erstreckte sich bis zum Horizont und die Sonne sandte ihre Strahlen über die karge Mondoberfläche. Kerstin und Kapitän Lothar verharrten einen Moment lang in ehrfürchtigem Schweigen, während sie die Schönheit und Einsamkeit des Mondes auf sich wirken ließen.

Natascha erzählte von den Herausforderungen des Lebens auf dem Mond, von den wissenschaftlichen Entdeckungen und den unzähligen Abenteuern, die diese Basis beherbergte. Kapitän Lothar und Kerstin hörten gebannt zu, während sie sich in dieser neuen Welt zurechtfanden. Die Führung bot nicht nur atemberaubende Einblicke in das Leben auf dem Mond, sondern weckte auch die Abenteuerlust und das Staunen in Kerstin. Sie war bereit für all die spannenden Herausforderungen, die diese Mission auf dem Mond mit sich bringen würde.

Kapitän Lothar und Kerstin waren beeindruckt von den geräumigen Kabinen, die ihnen zugewiesen wurden. Sie hatten alles, was sie für ihren Aufenthalt auf dem Mond benötigten. Von bequemen Betten, bis hin zu Kommunikationseinrichtungen, die sie mit der Erde verbanden. Natascha erklärte ihnen die Funktionsweise der verschiedenen Bereiche der Mondbasis, darunter den Kommandoraum und die gemeinschaftlichen Aufenthaltsbereiche. Sie zeigte ihnen auch den Speisesaal, in dem sie gemeinsam Mahlzeiten einnehmen konnten und zudem den Fitnessbereich, um ihre körperliche Fitness aufrechtzuerhalten.

Natascha, eine junge und äußerst attraktive Wissenschaftlerin, war von Beginn an eine Pionierin auf der Mondbasis gewesen. Ihre Expertise erstreckte sich über Astrophysik, Geologie des Mondes, Strahlenforschung im Weltraum und viele weitere hochspezialisierte Bereiche der Weltraumwissenschaften. Ihre umfassende Kenntnis und Leidenschaft für das Universum machten sie zu einer faszinierenden Persönlichkeit, die Kerstin und Kapitän Lothar, während ihrer Führung durch die Mondbasis, beeindruckte.

Kapitän Lothar und Kerstin waren beeindruckt von der Professionalität und dem Engagement der Mondbasis-Crew. Sie spürten die Leidenschaft und den Pioniergeist, der in der Luft lag, und freuten sich darauf Teil dieses Teams zu sein.

Nach der aufregenden Führung durch die Mondbasis versammelten sich alle im Besprechungsraum, wo sie weitere Geschichten und Erfahrungen austauschten. Diese wertvolle Gelegenheit ermöglichte es ihnen, sich noch besser kennenzulernen und ihre Zusammenarbeit für die kommenden Wochen und Monate zu stärken.

Kerstin, als Neuling der Gruppe, fühlte sich bereits als Teil der Mondbasis-Familie. Sie waren alle dazu bereit ihr Wissen und ihre Fähigkeiten einzubringen und gemeinsam mit den Wissenschaftlern und Forschern auf dem Mond neue Erkenntnisse zu gewinnen. Die Aussicht auf die bevorstehende Arbeit und Entdeckungen erfüllte sie mit Vorfreude und Aufregung. Später fand eine offizielle Besprechung statt, bei der die Ziele und Aufgaben der Mondbasis diskutiert wurden.

Kapitän Lothar und seine Crew hatten die Gelegenheit im Besprechungsraum ihre Expertise einzubringen. Sie erläuterten ihre Erfahrungen, Fähigkeiten und ihren Beitrag zur Mission.

Das Mond-Team zeigte großes Interesse an den wissenschaftlichen Geräten und Instrumenten, die die Haunebu-Crew mitgebracht hatte. Es entwickelte sich eine lebhafte Diskussion über die geplanten Forschungsprojekte und die Möglichkeiten, die sich auf dem Mond boten.

Während der Besprechung wurden auch die Arbeitsabläufe, Kommunikationswege und Sicherheitsprotokolle erläutert. Es war wichtig, dass beide Team auf einer gemeinsamen Basis arbeiteten und sich über die Richtlinien und Verfahren im Klaren waren.

Nach der Besprechung und einem köstlichen Abendessen kehrten die Team in ihre jeweiligen Unterkünfte zurück, um sich auf den bevorstehenden Tag vorzubereiten. Für Kerstin versprach der morgige Tag ein Abenteuer zu werden.

Als Kerstin und Lothar schließlich in ihrer Unterkunft auf der Mondbasis ankamen, spürten sie die freudige Aufregung in der Luft. Es war schon eine Weile her, seit sie sich das letzte Mal gesehen hatten, und die Sehnsucht war groß. Lothar zögerte nicht und holte eine Flasche Wein aus seinem kleinen Koffer, um diesen besonderen Moment gebührend zu feiern.

Mit einem Glas in der Hand genossen sie die Stille der Mondbasis und den atemberaubenden Blick durch das Panoramafenster auf den Mond und die ferne Erde. Die funkelnden Sterne umrahmten die Szenerie und verliehen ihr eine romantische Atmosphäre.

Kerstin lächelte, während sie einen Schluck Wein nahm und Lothar ansah. „Der Mond ist ein faszinierender, geheimnisvoller Ort und sie teilen diese erstaunliche Erfahrung gerade, Lothar."

Die beiden kuschelten sich auf das Bett und blickten aus dem Panoramafenster. In dieser magischen Umgebung sagte Lothar: „Es ist unglaublich, wie weit wir gekommen sind. Als Kinder haben wir vielleicht von solchen Abenteuern geträumt, aber jetzt stehen wir hier, auf dem Mond, und leben unseren Traum."

Kerstin legte ihre Hand sanft auf Lothars Arm. „Du hast recht, Lothar. Dies ist ein wahr gewordener Traum. Ich bin so dankbar, dass wir gemeinsam hier auf dem Mond sind und Neues entdecken können."

Sie stießen ihre Gläser erneut an und leerten sie in einem Zug. Die Wärme des Weins breitete sich in ihnen aus und verstärkte das Gefühl der Nähe und des Vertrauens.

Lothar nahm Kerstin in seine Arme, und sie genossen die Zweisamkeit in vollen Zügen. Der Mond, die Sterne und ihre Liebe bildeten eine romantische Kulisse für diesen besonderen Moment, den sie beide schon so lange herbeigesehnt hatten.

Am nächsten Morgen …

Beim Frühstück versammelten sich Kapitän Lothar, Kerstin und die anderen Mitglieder der Crew im Besprechungsraum der Mondbasis.

Die Stimmung war gespannt und voller Vorfreude auf die bevorstehende Erkundung des Mondes. Der Geologe und Sicherheitsoffizier John eröffnete das Briefing und teilte die neuesten Informationen mit. „Wir haben einige der fortschrittlichsten Raumanzüge mit eingebauten Jetpacks mit gebracht", verkündete er.

„Diese werden es uns ermöglichen, die Mondoberfläche schneller zu erkunden und atemberaubende Fotos aufzunehmen." Ein Lächeln breitete sich auf den Gesichtern der Crewmitglieder aus, als sie die Bekanntgabe der Jetpacks hörten. Sie waren begeistert von der Möglichkeit sich mit Leichtigkeit über die Mondoberfläche zu bewegen und neue Blickwinkel für ihre Forschungsarbeit zu entdecken.

Kapitän Lothar nickte zustimmend. „Das klingt großartig!" woraufhin der Kommandant der Mondbasis antwortete. „Die Jetpacks werden wir zweifellos dabei helfen, effizienter zu arbeiten und noch mehr von diesem faszinierenden Ort zu erkunden. Ich danke Ihnen für die Organisation."

Die Crew fuhr fort, ihr Frühstück zu genießen und sich auf den bevorstehenden Tag vorzubereiten. Sie tauschten aufgeregt ihre Gedanken aus und diskutierten mögliche Routen und Ziele, die sie auf dem Mond erkunden wollten. Mit jedem Bissen und jedem Schluck wurden sie energiegeladener und fokussierter auf die bevorstehende Mission. Der Gedanke daran, mit den Jetpacks über die Mondoberfläche zu gleiten und neue Erkenntnisse zu gewinnen, entfachte ihr inneres Feuer der Leidenschaft.

Nach dem Briefing standen sie auf und sammelten ihre Ausrüstung zusammen. Die Raumanzüge mit den eingebauten Jetpacks waren bereit für den Einsatz. Sie spürten die Aufregung in der Luft, als sie sich darauf vorbereiteten die Grenzen der Menschheit auf dem Mond weiter auszuloten.

Kapitän Lothar und Kerstin

Kapitän Lothar und Kerstin trafen sich mit den anderen Crewmitgliedern vor dem Ausgang der Mondbasis. Ihre Augen leuchteten vor Vorfreude und Entschlossenheit. Gemeinsam würden sie die Herausforderungen angehen und die Geheimnisse des Mondes erkunden. Mit einem letzten Blick zurück auf die Mondbasis, die nun ihr Zuhause war, begaben sie sich in dreier Teams nach draußen und liefen festen Schrittes zur Mondoberfläche. Die Sonne warf ihre ersten Strahlen über die Landschaft, und der Anblick war atemberaubend.

Kapitän Lothar und seine Crew aktivierten vorsichtig die Jetpacks. Die leichte Schwerelosigkeit umfing sie, als sie abhoben und mit mühelosen Bewegungen über die Mondoberfläche schwebten.

Sie bildeten drei Teams in zweier Gruppen. Es gab das Team ‚Alpha', bestehend aus Kapitän Lothar und Kerstin, das sich auf die Erkundung des nördlichen Teils der Mondoberfläche konzentrierte.

Ihr Ziel war es, detaillierte Karten zu erstellen und hochauflösende Fotos aufzunehmen, um eine genaue Darstellung dieser Region zu erhalten.

Das Team ‚Bravo', bestehend aus den beiden anderen Crewmitgliedern John und Charlotte, wurde beauftragt, den südlichen Teil der Mondoberfläche zu erforschen.

Sie hatten die Aufgabe Bodenproben zu sammeln und geologische Untersuchungen durchzuführen, um mehr über die Zusammensetzung des Mondes und seine geologische Geschichte zu erfahren.

Das dritte Team ‚Charlie', bestehend aus Wissenschaftlern der Mondbasis, unterstützte die beiden Erkundungsteams mit ihrer Expertise in den Bereichen Geologie, Astronomie und Biologie. Sie analysierten die gesammelten Proben, und unterstützten bei der Auswertung der Daten.

Während des Tages hielten die Teams engen Kontakt und tauschten Informationen aus. Sie berichteten von ihren Entdeckungen, besprachen neue Ziele und teilten ihr Wissen miteinander. Die Kommunikation war entscheidend, um das gesamte Team auf dem neuesten Stand zu halten und sicherzustellen, dass ihre Erkundungen effizient und erfolgreich waren.

Als die Sonne langsam hinter dem Horizont des Mondes verschwand, kehrten die Teams zurück zur Mondbasis. Sie brachten ihre gesammelten Proben, Fotos und Daten mit, um sie zu analysieren und weiter zu erforschen. Die Erschöpfung war spürbar, aber auch das Gefühl der Erfüllung und des Stolzes auf das, was sie erreicht hatten.

Am Abend versammelte sich die gesamte Crew in der Mondbasis, um ihre Erfahrungen und Erkenntnisse auszutauschen. Die Teams präsentierten stolz ihre Ergebnisse, darunter auch ihre ersten Erfahrungen mit den Jetpacks, die sie für die Monderkundungen genutzt hatten. Alle waren begeistert von diesem neuartigen Fortbewegungsmittel, das es ihnen ermöglichte den Mond auf ganz neue Weise zu erkunden.

Die Diskussionen waren lebhaft und es wurde deutlich, dass die Crew hungrig nach weiteren Entdeckungen und Abenteuern im Weltraum war. Gemeinsam planten sie ihre nächsten Schritte und setzten sich ehrgeizige Ziele für die kommenden Tage auf dem Mond.

Kapitän Lothar und Kerstin saßen zusammen und tauschten ihre Eindrücke aus. Sie waren begeistert von den Aufnahmen, die sie gemacht hatten und von den neuen Erkenntnissen über den Mond. Ein Crewmitglied erkannte bei den Auswertungen auf einem der Fotos eine Höhle in einem Krater .....

Das Crewmitglied, das die mögliche Höhle auf einem der Fotos entdeckt hatte, war aufgeregt über die potenzielle Entdeckung. Er zeigte das Foto den anderen Crewmitgliedern und erklärte seine Vermutung.

Kapitän Lothar und Kerstin schauten sich das Foto genau an und begannen darüber zu diskutieren.

Crewmitglied John, der Geologe, sagte aufgeregt: „Schaut Euch mal das Foto an..Unglaublich! Es sieht wirklich nach einer Höhle in einem Krater aus! Das ist eine unglaubliche Entdeckung!“

Der Kommandant der Mondbasis reagierte ähnlich aufgeregt: „Stimmt, das ist äußerst spannend! Wenn es tatsächlich eine Höhle gibt, könnten wir dort auf Hinweise auf vergangenes oder aktuelles Leben stoßen.“

Kapitän Lothar: „Völlig richtig. Das sind genau die Fragen, die uns beschäftigen sollten. Sie müssen herausfinden, ob diese Höhle eine Erkundung wert ist und welche Instrumente Sie dafür benötigen würden.“

Der Kommandant der Mondbasis: „Wir sollten eine Gruppe bilden, um die Höhle genauer zu untersuchen. Wir könnten die

John der Geologe

Ausrüstung mitnehmen, die wir bereits haben, und dann weitere anfordern, sobald wir mehr Informationen besitzen."

Kerstin: „Ich bin definitiv dafür, die Höhle zu erkunden. Als Archäologin interessiere ich mich besonders für mögliche Hinweise auf vergangene Zivilisationen oder Artefakte."

Crewmitglied John: „Wir sollten auch bedenken, dass die Höhle möglicherweise besondere Herausforderungen mit sich bringt. Wir müssen uns auf die rauen Bedingungen des Mondes vorbereiten und sicherstellen, dass unsere Ausrüstung den Anforderungen gewachsen ist."

Kapitän Lothar: „Das ist ein wichtiger Punkt. Wir sollten unsere Pläne gründlich durchgehen und sicherstellen, dass wir auf alle Eventualitäten vorbereitet sind. Sicherheit hat höchste Priorität."

Crewmitglied Charlotte, Chefingenieurin, Navigatorin, sowie erste Offizierin und verantwortliche für die Telekommunikation der ‚Haunebu 2‘ sprach dazwischen und erklärte: “Ich schlage vor, dass wir unsere Erkundungsteams in kleinere Gruppen aufteilen, um verschiedene Bereiche der Höhle abzudecken. So können wir effizienter arbeiten und alle potenziellen Entdeckungen dokumentieren.“

Kapitän Lothar erwiderte mit Entschlossenheit: „Das klingt vernünftig. Lassen Sie sich in drei Teams zusammenstellen und die notwendigen Vorbereitungen treffen. Wir haben eine aufregende Aufgabe vor uns und ich bin zuversichtlich, dass wir wertvolle Erkenntnisse gewinnen werden.“

Das gesamte Team war von der Möglichkeit, die Höhle zu erkunden und neue Geheimnisse des Mondes zu enthüllen, begeistert. Sie begannen, ihre Pläne zu konkretisieren und sich auf die bevorstehende Mission vorzubereiten.

Im Raum herrschte ein Geist der Zusammenarbeit, während sie gemeinsam darauf hinarbeiteten, die Rätsel der Mondhöhle zu lösen. Die Vorstellung, dass es auf dem Mond eine solche Höhle geben könnte, faszinierte alle, und sie überlegten, welche Auswirkungen dies auf ihre Mission haben könnte.

Kapitän Lothar schlug vor, zwei kleine Erkundungsteams zu bilden. Das erste Team, bestehend aus ihm, Kerstin, John (dem Geologen) und Natascha (der Expertin für Astrophysik und mehr), sollte die Höhle genauer untersuchen. Draußen, als Sicherheit am Rover wartend, würden Dr. Peter und Charlotte stehen. Alle Mitglieder des Teams würden mit spezieller Ausrüstung ausgestattet sein, um ihre Sicherheit während der Mission zu gewährleisten.

Die Idee fand Zustimmung und die Crew begann die Pläne für die Erkundung der möglichen Höhle zu schmieden. Sie würden weitere Daten analysieren, die Topographie des Kraters genauer untersuchen und die besten Vorgehensweisen für die Erkundung einer potenziellen Höhle auf dem Mond festlegen.

Das Gespräch wurde lebhaft fortgesetzt, während das Team begeistert über die Aussicht auf eine aufregende neue Herausforderung sprach. Sie waren bereit das Unbekannte zu erforschen und noch tiefer in die Geheimnisse des Mondes einzudringen.

Eine Höhle wurde gefunden. Kerstin, als Archäologin, war von der Höhle besonders fasziniert. Sie konnte es kaum erwarten die Höhle am nächsten Tag zu untersuchen und ihre Bedeutung zu entschlüsseln. Die Möglichkeit, auf dem Mond auf archäologische Spuren zu stoßen, war für sie ein wahr gewordener Traum.

Sie dachte darüber nach, welche Hinweise die Höhle möglicherweise bergen könnte. Vielleicht gab es darin Überreste vergangener Mondbewohner, oder Beweise für außerirdisches Leben. Die Gedanken wirbelten in ihrem Kopf herum.

Am nächsten Tag versammelte sich die Crew im Frühstücksraum zu einem wichtigen Briefing. Kapitän Lothar, Kerstin, Natascha und der Spezialist für Geologie, John, standen bereit, um sich auf ihre Mission zur Erkundung der geheimnisvollen Höhle zu begeben. Ihre mit Jetpacks ausgestatteten Raumanzüge waren einsatzbereit und die Aufregung lag spürbar in der Luft.

Kapitän Lothar eröffnete das Briefing und betonte die Bedeutung dieser Mission. Er erinnerte das Team daran, dass es sich um eine einmalige Chance handelte, um etwas Außergewöhnliches zu entdecken und den Horizont des bereits Bekannten zu erweitern. Kerstin und John nickten zustimmend und zeigten ihre Entschlossenheit. Nach dem Briefing begaben sie sich, zur Vorbereitung auf die Erkundung, in den Ausrüstungsraum. Sie überprüften ihre Raumanzüge, stellten sicher, dass alle Systeme einwandfrei funktionierten, und überprüften nochmals die Sicherheitsvorkehrungen für den Einsatz der Jetpacks.

Das Team war hochmotiviert und bereit für das Abenteuer. Gemeinsam mit den anderen beiden Crewmitgliedern machten sie sich zu sechst, mit dem Mondrover, auf den Weg zum Eingang der Mondhöhle.

Als sie schließlich die Höhle betraten, war die Dunkelheit um sie herum nahezu undurchdringlich. Ihre Helmlampen erzeugten nur einen kleinen Lichtkegel vor ihnen. Vorsichtig bewegten sie sich vorwärts, auf der Suche nach Hinweisen und Zeichen von vergangenem Leben.

Um eine bessere Kommunikation zu gewährleisten und im Falle von Problemen zusätzliche Sicherheit zu bieten, wurde draußen vor der Höhle eine kleine Basis errichtet. Diese wurde mit den zwei Crewmitgliedern Charlotte und Dr. Peter besetzt, um die Effizienz der Kommunikation und die Sicherheit der Mission zu gewährleisten.

Die Höhle erstreckte sich weit in die finstere Dunkelheit und verzweigte sich in verschiedene Richtungen. Das Team teilte sich mutig auf, um gleichzeitig mehrere Bereiche zu erkunden. Kapitän Lothar und Kerstin schritten Seite an Seite in die ungewissen Tiefen der Höhle. Ihre Lampen durchbrachen die Dunkelheit und enthüllten glänzende Mineralien und felsige Wände, die von den Jahrhunderten gezeichnet waren.

Die Stille der Höhle wurde nur durch das gedämpfte Gespräch und das leise Rauschen ihrer Atemzüge durchbrochen, während sie tiefer in das unbekannte Terrain vordrangen. Gleichzeitig bildete John mit seiner Begleiterin Natascha, einer sehr erfahrenen Wissenschaftlerin von der Mondbasis, eine weitere Gruppe, die sich in eine andere Richtung aufmachte.

Die faszinierende Welt der Höhle offenbarte sich vor ihnen, und die Abenteurer waren bereit die Geheimnisse, die in den Tiefen des Mondes verborgen waren, zu entdecken. Die Dunkelheit konnte ihre Entschlossenheit nicht trüben, denn sie waren Forscher und Entdecker, die bereit waren, die Grenzen des Unbekannten zu überschreiten.

Inmitten der finsteren Höhle veränderte sich plötzlich die Stimmung. Ein leises, kontinuierliches Plätschern erregte Kerstins Aufmerksamkeit und sie wusste instinktiv, dass sie diesen Klang untersuchen mussten. Lothar und sie hielten inne; ihre Lampen durchdrangen die Dunkelheit, während das leise Tropfen von Wasser durch die Stille der Höhle erklang.

Lothar und Kerstin tauschten aufgeregte Blicke aus. „Hörst du das auch, Kerstin?" flüsterte Lothar. Sie nickte und antwortete ebenso leise: „Ja, Lothar, das ist das Geräusch von fallendem Wasser." Es konnte nur bedeuten, dass es in der Tiefe dieser Höhle eine Wasserquelle gab.

Diese unerwartete Entdeckung entfachte ihre Neugier und ließ ihre Herzen schneller schlagen. Mit ihren Lampen in der Hand folgten sie dem Klang des fallenden Wassers, während die Dunkelheit sie umhüllte und ihre Schritte hallten.

Schließlich erreichten sie eine kleine, verborgene Kammer in der Höhle. Dort bot sich ihnen ein faszinierendes Schauspiel dar: Ein unterirdischer Fluss schlängelte sich ruhig durch die Höhle und brach in einem magischen Glanz aus. Das klare Wasser schimmerte in einem sanften Blau und beleuchtete die Höhle auf zauberhafte Weise. Kristalline Formationen an den Wänden der Kammer glitzerten im sanften Licht, als ob sie Jahrhunderte lang auf diesen Moment gewartet hätten.

Um die Dunkelheit zu vertreiben, schalteten sie die mitgebrachten Lampen an und enthüllten so die erstaunliche Schönheit der Höhle. Es war ein unbeschreiblicher Anblick.

Kapitän Lothar und Kerstin waren überwältigt von dieser atemberaubenden Entdeckung. Sie riefen John und Natascha über Funk herbei, damit auch sie dieses majestätische Schauspiel erleben konnten. Als John und Natascha dazu kamen, waren auch sie von der Schönheit dieses natürlichen Wunders fasziniert. Das Rauschen des unterirdischen Flusses und das sanfte Glitzern des Wassers erfüllten die Kammer mit einer beinahe magischen Atmosphäre.

In diesem Moment erkannten sie, dass der Mond noch viele Geheimnisse in seinen unerforschten Tiefen verbarg. Diese Oase der Ruhe war ein eindrucksvoller Beweis dafür, dass die Reise ins Unbekannte immer wieder mit erstaunlichen Entdeckungen belohnt werden konnte.

Sie betrachteten den Fluss genauer und bemerkten, dass er an einigen Stellen von Eiskristallen umgeben war. Es war erstaunlich zu sehen, dass Wasser in flüssiger Form auf dem Mond existierte, wenn auch in begrenztem Maße. Kerstin, als Archäologin, erkannte sofort die Bedeutung dieser Entdeckung. Das Vorhandensein von Wasser auf dem Mond könnte nicht nur für zukünftige bemannte Missionen von großer Bedeutung sein, sondern auch für das Verständnis der Mondgeologie und möglicherweise sogar für die Suche nach Spuren von Leben.

Sie beschlossen Proben des Wassers und der umgebenden Eiskristalle zu sammeln, um sie zu weiteren Untersuchungen zur Mondbasis zurückzubringen. Diese Entdeckung würde zweifellos einen Meilenstein in der Erforschung des Mondes darstellen und neue Möglichkeiten für die zukünftige Raumfahrt eröffnen.

Während sie vorsichtig Proben entnahmen, ließ das Gefühl der Ehrfurcht und des Staunens über das, was sie entdeckt hatten, nicht nach. Sie konnten sich kaum vorstellen, welche Auswirkungen diese Entdeckung auf die Zukunft der Raumfahrt und die Menschheit haben könnte.

Mit den kostbaren Proben in der Hand machten sie sich auf den Rückweg zur Mondbasis. Ihre Schritte waren leichter und ihre Herzen erfüllt von der Aufregung und dem Wissen, dass sie etwas Einzigartiges und Bedeutendes gefunden hatten.

Nachdem Kapitän Lothar, Kerstin und John mit ihren kostbaren Proben zur Mondbasis zurückgekehrt waren, begannen intensive Untersuchungen und Analysen. Die Wissenschaftler waren fasziniert von den Erkenntnissen, die das Mondwasser und die Eiskristalle boten.

Es stellte sich heraus, dass das Wasser auf dem Mond von erstaunlicher Reinheit war, frei von Verunreinigungen und potenziell als wertvolle Ressource für die zukünftige Raumfahrt und Mondmissionen dienen konnte. Doch die Entdeckung der Eiskristalle barg ebenso aufregende Geheimnisse, die die geologische Vergangenheit des Mondes enthüllten.

Diese Kristalle trugen eine faszinierende Geschichte in sich. Vor langer Zeit existierte auf der Oberfläche des Mondes wahrscheinlich flüssiges Wasser, das später gefror und in diesen Kristallen konserviert wurde.

Diese Entdeckung öffnete Raum für Spekulationen über die frühere Existenz von Leben auf dem Mond und die sich verändernden Bedingungen im Universum. Es war, als würden die Kristalle selbst ein geheimes Kapitel der Mondgeschichte offenbaren und die Neugier der Wissenschaftler beflügeln.

Nachdem das Team die Erkenntnisse über das klare und reine Wasser auf dem Mond verarbeitet hatte, war die Begeisterung groß. Sie erkannten das immense Potenzial dieser Ressource für die zukünftige Raumfahrt und die Unterstützung von Mondmissionen an.

Zusammen mit den Proben aus der Höhle brachen sie zur Mondbasis auf. Dort versammelte sich das Expeditionsteam zum Abendessen, und die neugierige Mond-Crew konnte es kaum erwarten, alles über die Ergebnisse der Expedition zu erfahren. Das Gespräch floss lebhaft, als sie die Entdeckungen und Erkenntnisse teilten, die sie während ihrer Zeit in der Höhle gemacht hatten. Anschließend wurde ein Briefing abgehalten, um die zweite Höhlenexpedition zu planen. Ihr Verlangen nach weiteren Erkenntnissen und ihre Entschlossenheit, die geologische Geschichte des Mondes genauer zu erforschen, trieben sie an.

Charlotte, die Chefingenieurin und Navigatorin, schlug vor, dass sie diesmal in drei kleinere Gruppen aufgeteilt werden sollten. Eine Gruppe würde sich weiterhin auf die Wasserquelle und den Fluss konzentrieren, um Proben zu entnehmen und weitere Daten zu sammeln.

Die zweite Gruppe solle die umliegenden Felsformationen genauer untersuchen, um mehr über die geologische Beschaffenheit der Höhle herauszufinden.

Die dritte Gruppe würde sich auf die Erforschung der Eiskristalle konzentrieren und versuchen, weitere Informationen über die geologische Geschichte des Mondes zu gewinnen.

Das Team stimmte den Vorschlägen zu und begann mit den Vorbereitungen für die zweite Höhlenexpedition. Sie überprüften ihre Ausrüstung, sammelten Probenbehälter und Instrumente und besprachen ihre Forschungsziele und -methoden.

Am nächsten Morgen brachen sie erneut auf, um die Geheimnisse der Mondhöhle weiter zu erkunden. Jede Gruppe arbeitete eng zusammen und tauschte regelmäßig Informationen aus. Sie waren fest entschlossen so viele Erkenntnisse wie möglich zu gewinnen und einen wertvollen Beitrag zum Verständnis des Mondes zu leisten. Während das Außenteam das zweite Mal die Höhle auf dem Mond erkundete, stieß die Archäologin Kerstin auf sonderbare Spuren und Hinweise. Alles wurde fotografiert. Es war, als ob sie auf eine verborgene Geschichte stieß, die tief in den Mond eingegraben war. Die Symbole und Zeichen, die sie außerdem entdeckten, ähnelten denen, die sie auch am abgestürzten Vrill-Raumschiff auf der Erde gefunden hatte. Dieser unheimliche Zusammenhang ließ sie vermuten, dass es eine Verbindung zwischen dem Raumschiff und der Mondhöhle geben könnte.

Kerstin war fasziniert von der Möglichkeit, dass in der Umgebung der Höhle eine Vrill-Mine existieren könnte. Diese Entdeckung würde nicht nur das Wissen über den Mond erweitern, sondern auch die Frage aufwerfen, welche Absichten die Außerirdischen hatten und, ob sie nach dem begehrten Vrill-Mineral suchten.

Das Dreier Team war elektrisiert von den neuen Entdeckungen und beschloss, ihre Forschungen weiter voranzutreiben. Sie nahmen sich vor, die Geheimnisse der Mondhöhle und der möglichen Vrill-Mine zu enthüllen und die Wahrheit hinter dieser mysteriösen Verbindung zu erfahren.

In den kommenden Wochen erlebte Kerstin eine Achterbahn der Spannung und Herausforderung, die ihre Entschlossenheit auf eine harte Probe stellten. Doch das Mond-Team war wie eine Familie, bereit, Seite an Seite allen Hindernissen zu trotzen und die unermüdliche Suche nach den Geheimnissen des Mondes voranzutreiben.

Die Forschungen erreichten eine neue, geradezu berauschende Intensität, als das Team sich tief in die geheimnisvolle Mondhöhle vorwagte. Kerstin saß in ihrer Unterkunft, eine heiße Tasse Kaffee in der Hand, umgeben von stapelweise Aufzeichnungen und Daten. Sie vertiefte sich in die Relikte und Artefakte, enträtselte die Vrill-Sprache der Außerirdischen und analysierte die geheimnisvolle Symbolik. Es fühlte sich an, als würde sie die Tür zu einer neuen Welt aufstoßen.

Kerstin war unentbehrlich für das Team, denn sie beherrschte die Vrill-Sprache, wie kein anderer. Mit jedem übersetzten Wort, mit jeder entschlüsselten Botschaft, offenbarte sich vor ihr eine atemberaubende Geschichte. Sie erkannte, dass die Außerirdischen Vrill den Mond als strategischen Ort nutzten, um die Erdbewohner zu beobachten und zu studieren. Die Vrill hatten auf dem Mond eine Vrill-Ader entdeckt, und das begehrte Mineral wurde von ihnen abgebaut und für ihre eigenen Zwecke genutzt.

Diese Enthüllung war bahnbrechend und weckte in Kerstin und dem gesamten Team eine brennende Leidenschaft für die Wahrheit. Sie hatten ein klares Ziel vor Augen: Die Vrill-Mine finden und die geheimnisvolle Basis entdecken, die vor Jahrhunderten auf dem Mond zurückgelassen wurde. Die Abenteuerlust trieb sie an, und die Dunkelheit des Mondes barg noch zahllose Rätsel, die darauf warteten, gelöst und enthüllt zu werden.

Als eines der Außenteams immer tiefer in die Höhle eindrang und sich plötzlich in einem Labyrinth aus verzweigten Gängen wiederfand, standen sie vor einer Höhle, umgeben von den geheimnisvollen, außerirdischen Geräten der Vrill zum Abbau des Vrill-Erzes. Die Szenerie raubte dem Team sprichwörtlich den Atem. Doch das war noch nicht alles. Am selben Tag entdeckte ein anderes Außenteam eine Vrill-Erz-Mine in der Nähe.

Die Technologien, die sie vorfanden, waren von einer erstaunlichen Raffinesse und Eleganz, wie sie sie noch nie zuvor gesehen hatten. Die Entdeckung dieser hochentwickelten Geräte mitsamt der Miene versetzte das gesamte Team in völliges Staunen.

Die beiden Funde wurden beim anschließenden Briefing in der Mondbasis ausführlich besprochen. Die Herausforderung, sich mit den komplexen Systemen und Bedienungsanleitungen vertraut zu machen, schien zunächst überwältigend. Doch ohne Kerstins Übersetzung wären diese außerirdischen Technologien ein unlösbares Rätsel geblieben. Bei einer speziellen Außenmission in den Höhlen wurde Kerstin dazu gerufen, um die Geräte zu übersetzen. Dieser Tag war ein Meilenstein in der Geschichte der Raumfahrt, und die Funde wurden umgehend dem ‚Blutkreuz Korbs‘ mitgeteilt. Die Expedition hatte die ersten Schritte zur Entschlüsselung der Vrill-Technologie gemacht und stand vor einer aufregenden Reise.

Nachdem die Mondbasis vom ‚Blutkreuz Korbs‘ eine Rückantwort erhalten hatte, begann eine intensive Phase der Zusammenarbeit zwischen den beiden Team. Die Forscher und Wissenschaftler auf der Mondbasis tauschten ihr Wissen und ihre Erkenntnisse über die Vrill-Technologie mit ihren Kollegen auf der Erde aus. Ein Team von Experten wurde zusammengestellt, zu dem auch Kerstin und Natascha gehörten. Ihre Fähigkeiten und Übersetzungen erwiesen sich als unschätzbar wertvoll, um die Funktionsweise der Vrill-Technologie zu entschlüsseln und ihre Bedeutung zu verstehen.

Währenddessen begannen die Vorbereitungen für die nächste Expedition in die Höhlen des Mondes, um weitere Geheimnisse zu lüften und möglicherweise die verlassene Vrill-Basis zu finden. Die Spannung und Aufregung in der Mondbasis erreichten ihren Höhepunkt, und die Team arbeiteten rund um die Uhr, um sich auf das bevorstehende Abenteuer vorzubereiten.

Schließlich, nachdem die Mission auf dem Mond erfolgreich abgeschlossen war und das begehrte Vrill-Mineral gefunden und gesichert worden war, erhielten Kapitän Lothar, Kerstin und die gesamte Crew den Befehl vom ‚Blutkreuz Korbs‘ den Rückflug anzutreten. Dieser Schritt war möglich geworden, da das Mond-Team gemäß den Anweisungen des ‚Blutkreuz Korbs‘ in der Lage war, alleine weiter in den Höhlen zu operieren und die Forschung fortzusetzen. Bevor aber Kapitän Lothar, Kerstin und der Rest der Crew der ‘Haunebu 2’ die Mondbasis verließen, verabschiedeten sie sich von ihrer Familie, dem Mond-Team. Es war ein emotionaler Abschied, denn während ihrer gemeinsamen Zeit auf dem Mond hatten sie eine besondere Bindung aufgebaut und unvergessliche Erfahrungen geteilt. Die Mitglieder des Mond-Teams waren traurig sie gehen zu sehen, aber auch stolz auf das, was sie gemeinsam erreicht hatten. Sie hatten nicht nur den Mond erkundet und wertvolle Entdeckungen gemacht, sondern auch eine starke Gemeinschaft gebildet, die durch ihre gemeinsame Leidenschaft für die Erforschung des Weltraums vereint war. Es war schwer, Abschied zu nehmen, aber Kapitän Lothar, Kerstin und der Rest der Crew wussten, dass sie weitere Missionen und Abenteuer vor sich hatten.

Sie waren dankbar für die Zeit auf dem Mond, die sie geprägt hatte, und die sie zu besseren Astronauten und Entdeckern gemacht hatte.

Mit einem letzten, tief bewegten Blick zurück auf die Mondbasis und einem herzlichen Abschied von den Mitgliedern des Mond-Teams traten Kapitän Lothar, Kerstin und die Crew der ‚Haunebu 2' den Rückweg zur Erde an. Es war ein Moment der emotionalen Verbundenheit, der Freundschaft und des Respekts, der in der Schwerelosigkeit des Weltraums eine besondere Tiefe erhielt.

Das Team der Mondbasis hatte sie in den vergangenen Wochen nicht nur bei ihrer Forschung unterstützt, sondern sie waren zu einer Art Familie geworden. Die gemeinsamen Erlebnisse, die Herausforderungen und die Aufregung hatten eine starke Bindung zwischen ihnen geschaffen. Beim Abschied spürte man die Wehmut, aber auch die Vorfreude auf die Rückkehr zur Erde und die Erkenntnisse, die sie mitbringen würden. Die Umarmungen und Abschiedsworte waren herzlich und voller Dankbarkeit. Es war ein Moment, den keiner so schnell vergessen würde, und er zeigte, wie stark der Band zwischen den Weltraumpionieren waren, die gemeinsam das Unbekannte erforschten.

Während sie die erhabene Mondlandschaft hinter sich ließen und der Heimatplanet näher rückte, spürte das Team eine Mischung aus Befriedigung und Vorfreude. Ihre erfolgreiche Mission auf dem Mond war nur der Anfang. Die ‚Haunebu 2' und ihre Crew waren bereit für alles, was das Universum noch für sie bereithielt, und sie würden mit offenen Armen und wachen Geistern auf jede neue Entdeckung zugehen.

Der Rückflug zur Erde verlief reibungslos, und die Crew nutzte die Zeit, um ihre Erfahrungen und Erkenntnisse aus der Mondmission auszutauschen..

Kapitel 7

Erholung in der Toskana – Eine Pause von den Missionen

Das Anwesen von Kerstins Eltern

Nach ihrer erfolgreichen Mondmission und der sicheren Landung auf einem abgesicherten Flugplatz in Italien, wurden Kerstin und Kapitän Lothar von seinem persönlichem Chauffeur, Marco, abgeholt. Marco hatte klare Anweisungen vom ‚Blutkreuz Korbs' erhalten, die beiden in einem eleganten schwarzen Cabrio zu empfangen.

Es war nun an der Zeit für eine wohlverdiente Auszeit, um sich von den Strapazen der Mission zu erholen und Zeit mit

Kerstins Familie in der wunderschönen Toskana zu verbringen. Die vergangenen Wochen waren voller Abenteuer und Entdeckungen gewesen, aber auch voller Herausforderungen. Nun konnten sie endlich durchatmen und die Ruhe der italienischen Landschaft genießen.

Die ‚Haunebu 2' begab sich derweil, unter der Leitung von Charlotte, auf einen anderen Kurs. An Bord waren Dr. Peter, John und Charlotte selbst. Die Mission führte sie zu der geheimen Bunkeranlage ‚B 8'. Es war auch für diese drei Crewmitglieder die Zeit für eine wohlverdiente Auszeit und Entspannung nach den Herausforderungen der Mondmission gekommen. Die Mondreise hatte ihre Beziehung auf eine völlig neue Ebene gebracht, und sie hatten zusammen Herausforderungen gemeistert, die nur wenige Menschen je erleben würden. Kerstin hatte die Vrill-Symbole entschlüsselt und das Geheimnis des Mondes mit ihrer Expertise enthüllt, wofür Lothar sie bewunderte.

In der Toskana freute sich Kapitän Lothar auf das Kennenlernen von Kerstins Eltern und darauf, die Lavendelblütezeit in der malerischen Landschaft zu erleben. Die Vorstellung von duftenden Lavendelfeldern ließ ihre Herzen höherschlagen, und sie wussten, dass die Zeit in der Toskana wie ein Traum werden würde.

Während sie gemeinsam durch die sonnige Toskana fuhren, konnten Kerstin und Lothar nicht anders, als über all die unglaublichen Erlebnisse nachzudenken, die sie bereits gemeinsam erlebt hatten. Doch tief in ihnen loderte auch die Neugierde nach neuen Abenteuern, nach weiteren Geheimnissen, die es zu erforschen galt.

Sie wussten, dass ihre Reise noch lange nicht zu Ende war. Es gab noch so viel zu entdecken, zu erforschen und zu erleben. Und so schworen sie sich, dass dies nur der Anfang war. Eine neue Seite wurde umgeblättert, und ihre Geschichte sollte weitergehen. Mit einem Lächeln auf den Lippen und einem Funkeln in den Augen schmiedeten sie Pläne für ihre nächsten

Abenteuer. Denn sie wussten, dass die Welt, das Universum und die Geheimnisse der Vrill darauf warteten, von ihnen entdeckt zu werden.

Die Sonne schien golden auf das malerische toskanische Dorf, während Kerstin und Lothar durch die engen Straßen fuhren, spürten sie die warme Brise auf ihrer Haut und genossen den Duft der mediterranen Landschaft. Die Szenerie wirkte wie ein Gemälde, das sie in eine andere Welt entführte. Sie fuhren gemächlich durch die engen Straßen des Dorfes, vorbei an den alten Steinhäusern und den bunten Blumenläden. Die Sonne strahlte golden und tauchte alles in ein magisches Licht. Die Olivenbäume säumten den Weg und ihre silbernen Blätter glitzerten im Sonnenlicht.

Die Lavendelfelder waren ein wahres Farbenmeer. In lila getaucht erstreckten sie sich bis zum Horizont und verströmten einen betörenden Duft. Kerstin konnte sich nicht sattsehen an der Pracht der Natur, die sie umgab.

Marco der Chauffeur lenkte das Auto, ein Mercedes Cabrio, Baujahr 1945, geschickt durch die engen Gassen, während Kerstin aus dem Fenster schaute und das Panorama genoss. Sie fühlten sich wie in einem Traum, eingehüllt von der Schönheit der Toskana.

„Es ist einfach wunderbar hier" flüsterte Lothar, mit Ehrfurcht erfüllter Stimme. „Ich hätte nie gedacht, dass wir an einem solch magischen Ort landen würden."

Kerstin lächelte und griff nach Lothars Hand. „Ich bin so glücklich, dass wir diesen Moment gemeinsam erleben dürfen", sagte sie sanft.

Als sie das Haus ihrer Eltern erreichten, wurden sie herzlich empfangen.

Auch Marco, der den eleganten Wagen vor dem Anwesen von Kerstins Eltern parkte, wurde herzlich eingeladen sich der Begrüßungsfeier anzuschließen. Obwohl er ursprünglich als Chauffeur angestellt war, war er über die Einladung überrascht und erfreut zu gleich. Marco nahm die Einladung an und wurde

Das Anwesen von Professor Schimazek

zu einem separaten Tisch gesetzt, an dem er mit den Bediensteten des Professors Schimazeck speiste. Die Bediensteten empfingen Marco mit offenen Armen und luden ihn ein an ihren Gesprächen teilzunehmen. Sie erzählten ihm von ihren Erlebnissen und Erfahrungen in Kerstins Elternhaus und zeigten ihm ihre Dankbarkeit für seine jahrelange Loyalität und Unterstützung als Chauffeur von Kapitän Lothar. Für Marco war es ein unvergesslicher Tag, an dem er nicht nur als Chauffeur, sondern auch als geschätzter Gast behandelt wurde. Er genoss die Gesellschaft der Bediensteten, die ihm als Freunde und Verbündete gegenübersaßen. Sie tauschten Geschichten aus, lachten und feierten gemeinsam, während sie den Abend in vollen Zügen genossen.

Obwohl Marco an einem separaten Tisch saß, spürte er die herzliche Atmosphäre und die Verbundenheit zwischen Kerstin, Lothar und ihrer Familie. Er fühlte sich geehrt, Teil dieses besonderen Moments zu sein und schätzte die Gelegenheit die Bediensteten des Professors Schimazeck besser kennenzulernen.

Die Tische waren reich gedeckt mit köstlichen Speisen und Getränken, und ein kleines Begrüßungsfest wurde für sie organisiert.

Familie und Freunde, auch Leopold von Thaler und seine hübsche Tochter Sigrid von Thaler, eine gute Freundin von Kerstin, beide 29 Jahre alt, waren versammelt, um Kerstin und Kapitän Lothar gebührend zu feiern und ihren Abenteuern zu lauschen.

Sigrid und Kerstin kannten sich schon seit ihrer Kindheit. Ihre Väter, Baron von Thaler und Professor Schimazeck, waren eng befreundet und hatten sie oft bei ihren gemeinsamen Missionen und Expeditionen mitgenommen. Als Kinder hatten sie unzählige Abenteuer zusammen erlebt und eine enge Freundschaft aufgebaut.

Jedoch hatten sich ihre Wege im Laufe der Zeit getrennt, als ihre Familien unterschiedliche Richtungen einschlugen und neue Verpflichtungen sie in verschiedene Teile der Welt führten. Sigrids Familie blieb eng mit dem ‚Blutkreuz Korbs' verbunden, während Kerstins Familie sich mehr auf archäologische Forschungen konzentrierte.

Doch das Schicksal führte sie wieder zusammen, als Kerstin und Lothar auf das Anwesen von Kerstins Eltern zurückkehrten und Sigrid dort ebenfalls anwesend war. Die Wiederbegegnung war voller Freude und Erinnerungen an ihre gemeinsame Kindheit. Es war ein freudiger und herzlicher Moment, als sich Kerstin und Lothar in die Arme ihrer Lieben warfen. Die Umarmungen waren voller Liebe und Wärme, und die Freude über das Wiedersehen war deutlich spürbar.

Die gemeinsame Zeit mit Kerstins Familie in der Toskana war eine willkommene Auszeit für das Paar. Sie genossen die Ruhe und Gelassenheit der malerischen Landschaft, schlenderten durch die Lavendelfelder und ließen sich von der mediterranen Küche verwöhnen.

Inmitten der Gespräche und des Lachens mit ihren Lieben fühlten Kerstin und Lothar, wie sich ihre Batterien wieder aufluden. Sie konnten die Strapazen ihrer Mondmission hinter sich lassen und sich auf das Hier und Jetzt konzentrieren.

Doch während sie sich entspannten, war da immer noch die geheimnisvolle Präsenz des ‚Blutkreuz Korbs', die ihnen weitere Abenteuer versprach. In ihren Gedanken spielten bereits neue Fragen und Rätsel durch, die darauf warteten, gelöst zu werden.

Und so genossen Kerstin und Lothar die Zeit mit ihren Eltern, während sie gleichzeitig eine leise Vorfreude auf das nächste Kapitel ihrer Abenteuer spürten. Denn tief in ihrem Inneren wussten sie, dass das Leben sie stets mit neuen Geheimnissen und Herausforderungen überraschen würde. Und sie waren bereit, diesen Weg gemeinsam zu gehen, Seite an Seite, in Liebe und Abenteuerlust.

Kerstin und Kapitän Lothar nutzten die Gelegenheit, sich nach der ereignisreichen Begrüßungsfeier in ihre Privatsphäre zurückzuziehen. Es war ein zauberhafter Moment, als sie endlich allein und gemeinsam in ihrem Zimmer waren. Die Atmosphäre war von Liebe und Verlangen erfüllt. Sie öffneten abermals eine Flasche Wein und ließen sich von seinen verführerischen Aromen und dem sanften Klang ihrer aneinander klirrenden Gläser verzaubern.

Sie tranken langsam und genossen jeden Schluck, während ihre Blicke sich tief in den Augen des anderen verloren. Die Leidenschaft zwischen ihnen war spürbar, und sie wussten, dass dieser Abend noch lange nicht zu Ende war. Sie hielten sich eng umschlungen, ihre Körper vereint in einer sinnlichen Umarmung. Die Nacht gehörte ihnen, und sie ließen ihrer zärtlichen Hingabe freien Lauf. Jede Berührung, jeder Kuss war von unendlicher Liebe und Sehnsucht geprägt.

Als die Erschöpfung sie schließlich übermannte, schliefen sie eng aneinandergekuschelt ein. Ihre Herzen schlugen im Einklang, und sie wussten, dass sie füreinander bestimmt waren. Am nächsten Morgen wurden Kerstin und Kapitän Lothar von einer hübschen jungen Bediensteten sanft geweckt. Sie lächelte ihnen freundlich zu und wünschte ihnen einen guten Morgen. Es war noch früh genug, um sich zu duschen und frisch zu machen, bevor sie sich zum Frühstück gesellten. Als Kerstin und Lothar die Treppe hinuntergingen, wurden sie von einem herrlichen Duft von frisch gebrühtem Kaffee und duftenden Croissants empfangen. Draußen auf der Terrasse saßen bereits ihre Eltern und andere Gäste am reichlich gedeckten Frühstückstisch. Die Sonne schien warm und die Vögel zwitscherten fröhlich im Hintergrund.

Kerstins Mutter, eine ausgezeichnete Gastgeberin, begrüßte sie mit einem strahlenden Lächeln und umarmte sie herzlich. Professor Schimazeck schüttelte Lothars Hand fest und klopfte ihm auf die Schulter. Es war eine liebevolle und herzliche Atmosphäre, die die Freude über das Wiedersehen und die Vorfreude auf den Tag widerspiegelte.

Die Tischdecke war mit frischen Blumen und einer Auswahl an köstlichen Speisen geschmückt. Es gab frisches Obst, Joghurt, frisch gebackenes Brot, Käse, Wurst und natürlich italienischen Kaffee. Alle setzten sich zusammen, lachten und unterhielten sich angeregt, während sie das köstliche Frühstück genossen.

Am Frühstückstisch gesellte sich auch Baron von Thaler zu der fröhlichen Runde. Er war ein angesehener Mann mit einer faszinierenden Ausstrahlung und einer Menge interessanter Geschichten. An seiner linken Seite saß seine schöne Tochter Sigrid, die Lothar bereits bei der Begrüßungsfeier kennengelernt hatten. Baron von Thaler, ein erfahrener Abenteurer und Sammler antiker Artefakte, begann lebhaft von seinen Erlebnissen und Entdeckungen zu erzählen. Er erzählte von der Gründung des ‚Blutkreuz Korbs' im Jahr 1939, einer Organisation, die es sich zur Aufgabe gemacht hatte, geheimnisvolle Artefakte und Informationen aus aller Welt zu sammeln und zu erforschen. Diese Organisation hatte eine besondere Mission, nämlich die Entdeckung und Erforschung von außergewöhnlicher Technologie und Wissen. Ein weiterer entscheidender Aspekt ihrer Mission war die Organisation der Umsturzoperation namens ‚Walküre'. Diese geheime Operation hatte zum Ziel, das damalige Regime zu stürzen und eine Demokratie einzuführen. Das ‚Blutkreuz Korps' war davon überzeugt, dass dies notwendig war, um die außerirdische Technologie zum Wohle der Menschheit einzusetzen und den Krieg zu beenden. Ihr Glaube an diese Ziele trieb sie an im Geheimen zu arbeiten und alles zu tun, um sie zu erreichen, selbst wenn es bedeutete, das bestehende Regime zu stürzen.

Besonders fesselnd war seine Erzählung über das Jahr 1939, als ein Vrill Raumschiff in einer entlegenen Region entdeckt wurde. Die Aufregung und der mysteriöse Zauber, der damit verbunden war, zog alle am Tisch in den Bann. Baron von Thaler beschrieb die technologischen Wunder dieses außerirdischen Raumschiffes und die intensiven Forschungen, die daraufhin folgten.

Während Baron von Thaler mit faszinierender Begeisterung von dem Vrill Raumschiff erzählte, lauschten alle Anwesenden am Tisch gebannt seinen Worten. Die Stimmung in der Runde war geprägt von Ehrfurcht und der Erkenntnis, dass sie Zeugen einer außergewöhnlichen Geschichte waren. Diejenigen, die sich in diesem exklusiven Kreis versammelt hatten, waren sich der strengen Geheimhaltungspflicht des ‚Blutkreuz Korbs' bewusst und hielten eisern daran fest. Baron von Thalers Erzählung war mit lebendigen Details und leidenschaftlicher Hingabe gewürzt. Seine Worte entführten die Anwesenden förmlich in die Geschichte, und ihre Augen leuchteten vor gebannter Faszination. Nachdem das Vrill Raumschiff in den Jahren 1939 bis 1940 wieder flugfähig gemacht worden war, begann eine außergewöhnliche Reise für Major Lothar. Obwohl er zu dieser Zeit noch bei der Luftwaffe tätig war, hatte er bereits eine Verbindung zum ‚Blutkreuz Korbs‘ und wurde von Kvasir begleitet, der ihm während des Flugs alles Wichtige erklärte. Mit einem Team von engagierten Ingenieuren und Wissenschaftlern an seiner Seite flogen Major Lothar und Kvasir das Vrill Raumschiff aus der Antarktis sicher nach Deutschland. Die Reise verlief langsam und bedacht, um die Sicherheit des Raumschiffes zu gewährleisten und weitere Schäden zu vermeiden.

In Deutschland angekommen, wurde das Raumschiff in der Bunkeranlage B8 einem umfangreichen Reparaturprozess unterzogen. Kvasir spielte dabei eine entscheidende Rolle, denn er kannte das Raumschiff und seine Technologie aus erster Hand. Gemeinsam mit dem Team von Experten und unter der Führung von Major Lothar wurden die notwendigen Reparaturen durchgeführt, um das Raumschiff wieder vollständig funktionsfähig zu machen.

Während dieser Zeit wurden auch die Vrill Symbole und Schriften im Inneren des Raumschiffes in menschliche Schriften umgewandelt.

Dies ermöglichte es den Menschen, die Technologie und Kommunikation des Raumschiffes besser zu verstehen und zu nutzen.

Der gesamte Prozess war eine technische Herausforderung, aber Major Lothar und sein Team ließen sich nicht entmutigen. Sie waren fasziniert von der außerirdischen Technologie und sahen darin eine Chance das Verständnis über das Universum und seine Geheimnisse zu erweitern.

Während der Reparaturarbeiten und der Auseinandersetzung mit der Vrill-Technologie, entwickelte Major Lothar eine noch tiefere Verbindung zu Kvasir. Sie verbrachten viele Stunden gemeinsam, tauschten ihr Wissen aus und bauten eine enge Freundschaft auf, die weit über ihre gemeinsame Mission hinausreichte.

Die Reparatur des Vrill Raumschiffes und die Übersetzung der Symbole waren jedoch nur der Anfang eines noch größeren Abenteuers. Major Lothar und Kvasir wussten, dass sie mit dieser außerirdischen Technologie und ihrem Wissen eine entscheidende Rolle spielen konnten, um die Welt zu verändern und unbekannte Weiten zu erkunden.

Und so begann eine neue Ära für Major Lothar und das ‚Blutkreuz Korb', in der sie mit dem wiederhergestellten Vrill Raumschiff und ihrer neu gewonnenen Kenntnis der Symbole in eine ungewisse Zukunft aufbrachen. Ihre Reise sollte nicht nur die Grenzen des Bekannten überschreiten, sondern auch ihre eigene Existenz in Frage stellen und ihnen unvorstellbare Möglichkeiten eröffnen.

Nachdem das Raumschiff in die Bunkeranlage ‚B8' in Deutschland gebracht wurde, widmete sich Kvasir mit großer Hingabe der Reparatur und Wiederherstellung des Raumschiffes. Es war ein langwieriger Prozess, der sieben Jahre andauerte, doch am Ende war das Vrill Raumschiff wieder vollständig funktionsfähig und bereit für den Weltraum.

Kerstin und Lothar hörten gespannt zu und stellten Fragen, um mehr über die Vrill und ihre Geschichte zu erfahren. Es war faszinierend zu hören, wie weitreichend die Spuren dieser außerirdischen Spezies auf der Erde waren und, wie sie die Menschheit schon seit langer Zeit beeinflussten.

Sigrid, die Tochter des Barons, fügte ihrerseits interessante Details hinzu. Sie hatte leider nicht die Leidenschaft ihres Vaters für die Erforschung des Unbekannten geerbt.

Sigrid war außerdem nicht nur von außergewöhnlicher Schönheit, sondern auch eine bemerkenswerte Persönlichkeit mit einer Fülle von Talenten und Fähigkeiten, von denen nur wenige Kenntnis hatten. Hinter ihrer Anmut und Intelligenz verbarg sie ein faszinierendes Geheimnis.

Doch das war noch nicht alles, was Sigrid zu bieten hatte. In der Abgeschiedenheit ihres privaten Trainingsgeländes hatte sie eine ganz andere Seite entwickelt, die nur wenige kannten. Sigrid war nicht nur Expertin verschiedener Fernkampftechniken, sondern auch eine Meisterin des Nahkampfs. Ihr Vater, der Baron, hatte es für wichtig erachtet, dass sie sich nicht nur in der

Welt der Diplomatie und des Spionagewesens bewegen konnte, sondern auch in der Lage war, sich selbst zu verteidigen und ihre Missionen erfolgreich abzuschließen. Sigrid war eine Meisterin des Schattenkampfs, der für ihre Tarnung und ihr Überleben entscheidend war.

Sigrid

Zusätzlich zu ihren beeindruckenden Kampffähigkeiten hatte sich Sigrid ein umfassendes Wissen über Sprengstoffe und Sprengtechniken angeeignet, was geheim verbleiben musste und nur den engsten Kreisen bekannt war. Sie war in der Lage improvisierte Sprengvorrichtungen herzustellen und zu nutzen, was ihr in gefährlichen Situationen und schwierigen Missionen oft das Leben gerettet hatte.

Sigrids vielfältige Talente und Fähigkeiten machten sie zu einer außergewöhnlichen Agentin und Spionin. In der Welt der Intrigen und im Dienste des ‚Blutkreuz Korbs', war sie eine unverzichtbare Ressource. Zum Glück war ihre Treue zum ‚Blutkreuz Korb' unerschütterlich.

Während sie öffentlich als Olympiasiegerin gefeiert wurde und zahlreiche Medaillen und Auszeichnungen erhielt, führte Sigrid im Geheimen ein Doppelleben als Meisterin der Täuschung und des Überlebens. Ihr Einsatz für die Sache ihres Vaters und die Geheimnisse, die sie hütete, sollten noch viele gefährliche Abenteuer und unvorhergesehene Wendungen bringen.

Nur ihr Vater und einige ausgewählte Vertraute waren eingeweiht und durften die Dienste ihrer außergewöhnlichen Talente in Anspruch nehmen.

Gemeinsam tauschten sie sich über ihre jüngsten Entdeckungen und Erkenntnisse aus, was die Atmosphäre am Tisch noch spannender machte.

Der Frühstückstisch wurde zum Ort des Austauschs von Wissen, Geschichten und Abenteuern geworden. Es war eine inspirierende Zusammenkunft von Menschen, die alle eine Leidenschaft für das Geheimnisvolle und Ungewöhnliche teilten.

Nach diesem ausgiebigen und spannenden Frühstück verabschiedeten sich Kerstin und Lothar von ihren Gastgebern und den anderen Gästen. Es war an der Zeit, die wunderschöne Toskana gemeinsam zu erkunden, und Kerstin hatte sich fest vorgenommen, Lothar die Schönheit dieser Region näherzubringen.

Marco, ihr treuer Chauffeur, wartete bereits mit dem eleganten schwarzen Mercedes vor dem Anwesen. Kerstin und Lothar stiegen ein und genossen die Fahrt durch die malerische toskanische Landschaft. Die Sonne strahlte golden auf die Olivenbäume und Lavendelfelder, während sie gemütlich durch die engen Straßen fuhren.

Marco ihr treuer Chauffeur

Kerstin konnte ihre Begeisterung kaum verbergen und erklärte Lothar voller Stolz: „Das, mein Schatz, ist die Toskana. Eine Region voller atemberaubender Schönheit, reich an Kultur und Geschichte.“ Sie zeigte auf die sanften Hügel, die mit Weinreben bedeckt waren, und auf die idyllischen Dörfer, die den Charme vergangener Zeiten versprühten.

Lothar war fasziniert von der Landschaft und von Kerstins Leidenschaft, die sie beim Erkunden ihrer Heimat zeigte. Er war dankbar, dass sie ihm das Geschenk gemacht hatte, die Toskana mit eigenen Augen zu sehen und die Geheimnisse dieser Region zu entdecken.

Gemeinsam tauchten sie in die Toskana ein, besuchten charmante Städte, wie Florenz, Siena und Pisa, und erkundeten die kunstvollen Kirchen und Paläste, genossen die kulinarischen Köstlichkeiten der italienischen Küche und ließen sich von der Schönheit der toskanischen Landschaft verzaubern.

Jeder Moment war kostbar, und sie genossen jede Minute davon in vollen Zügen. Es war eine Zeit des gemeinsamen Glücks und der Verbundenheit, in der sie ihre Liebe und Beziehung weiter vertieften. Sie teilten Lachen, innige Gespräche und stille Momente der Zweisamkeit, während sie die Toskana erkundeten.

Kerstin und Lothar in Florenz

Die Tage vergingen wie im Flug, und Kerstin und Lothar spürten, wie sehr sie in dieser idyllischen Umgebung aufblühten. Sie fühlten sich erneuert und inspiriert, bereit, gemeinsam neue Abenteuer zu bestreiten und die Welt zu entdecken. Während sie mit Marco durch die toskanischen Straßen fuhren, war ihr Blick voller Vorfreude auf das, was die Zukunft bringen würde. Sie wussten, dass ihre Reise noch lange nicht zu Ende war, und, dass sie gemeinsam noch viele weitere Wunder der Welt erleben würden.

Mit einem Lächeln auf den Lippen und der Gewissheit, dass ihre Liebe sie überall hintragen konnte, genossen sie die Fahrt durch die Toskana, bereit für das nächste Kapitel ihrer unvergesslichen Abenteuer.

Nach einer Woche voller Erkundungen und Abenteuer in der bezaubernden Toskana kehrten Kerstin und Lothar abends völlig erschöpft zum Anwesen von Kerstins Eltern zurück. Marco, der Chauffeur und Freund, setzte sie ab und fuhr anschließend in seine eigene kleine, aber gemütlich eingerichtete Wohnung auf dem Anwesen zurück. Er war stets in der Nähe und bereit ihnen jederzeit zur Seite zu stehen.

Auch Kerstin und Lothar erhielten nach ihrer Reise eine eigene Wohnmöglichkeit auf dem Anwesen. Es war ihr Rückzugsort, an dem sie sich ausruhen und neue Energie tanken konnten. Die Räumlichkeiten waren liebevoll gestaltet und boten ihnen Komfort und Privatsphäre. Das Anwesen, umgeben von blütender Natur und einer Atmosphäre der Ruhe, wurde zu ihrem Zuhause auf Zeit. Es war ein Ort, an dem sie sich geborgen und sicher fühlten, umgeben von der Wärme und Fürsorge ihrer Familien und dem vertrauten Gefühl des Zusammenhalts. In den nächsten Tagen ließen sie sich von Kerstins Eltern verwöhnen und genossen die Gastfreundschaft, die ihnen entgegengebracht wurde. Sie hatten Zeit, um die Eindrücke ihrer Reise zu verarbeiten und ihre Gedanken zu sortieren.

Kapitän Lothar trug eine schwere Last auf seinen Schultern. Während er mit Kerstin auf dem Anwesen verweilte und eine vorübergehende Heimat fand, erinnerte ihn die Ruhe und Geborgenheit auch an den Verlust, den er erlitten hatte.

Die Erinnerungen an seine Zeit bei der Luftwaffe und die Schlafplätze in Feldbetten ließen ihn erkennen, wie sehr er sich nach einem wirklichen Zuhause gesehnt hatte. Doch das Schicksal hatte es anders gewollt, als sein Zuhause durch alliierte Bombenangriffe im Jahr 1944 zerstört wurde. Die tragischen Ereignisse hatten nicht nur sein Hab und Gut vernichtet, sondern auch das Leben seiner geliebten Eltern gekostet.

Der Schmerz dieses Verlustes war tief in Lothars Herz eingebrannt und begleitete ihn auf seiner Reise. In Kerstin fand er Trost und Unterstützung, jemanden, der ihm dabei half, mit dieser Trauer umzugehen. Die Liebe und Geborgenheit, die sie ihm schenkte, halfen ihm dabei, Stück für Stück wieder Vertrauen und Hoffnung aufzubauen.

Auf dem Anwesen ihrer Eltern fand Lothar einen vorübergehenden Ort des Ankommens und der Sicherheit. Es war ein Ort, der ihm half, seine Wunden zu heilen und sein Inneres zu stärken. Die Anwesenheit von Kerstin und ihre gemeinsamen Pläne für die Zukunft gaben ihm Hoffnung und den Mut nach vorne zu blicken.

Obwohl Lothar wusste, dass sein wahres Zuhause und die Menschen, die er verloren hatte, nicht mehr zurückkehren konnten, fand er im Zusammensein mit Kerstin ein neues Gefühl von Heimat. Ihre Liebe und ihre gemeinsame Reise gaben ihm das Gefühl, dass er endlich einen Ort gefunden hatte, an dem er wirklich angekommen war.

Und so, inmitten der Schönheit der Toskana und der umgebenden Natur, fühlte Lothar sich langsam wieder lebendig. Er konnte spüren, wie die Last der Vergangenheit langsam von seinen Schultern abfiel und er bereit war, mit Kerstin an seiner Seite eine neue Zukunft zu gestalten. Die Wunden der Vergangenheit waren zwar noch nicht vollständig geheilt, aber Kerstin und die gemeinsamen Abenteuer gaben ihm die Hoffnung, dass es möglich war, wieder zu lächeln und zu lieben.

Und während sie sich auf das Unbekannte vorbereiteten, wussten sie, dass ihre Geschichte noch viele Höhen und Tiefen bereithalten würde, doch sie waren bereit, sich diesen gemeinsam zu stellen und ein neues Kapitel zu schreiben.

KAPITEL 8

START DER MONDBASIS-MISSION MIT DER ‚HAUNEBU 2' CREW UND KVASIR

Die Sonne strahlte über die malerische Toskana, als Lothar und Kerstin bei ihren Eltern am Frühstückstisch saßen. Doch die friedliche Atmosphäre wurde jäh unterbrochen, als ein Bediensteter einen geheimnisvollen Umschlag vom ‚Blutkreuz Korbs' überreichte. Lothar öffnete den Brief und seine Miene verdüsterte sich, als er die Nachricht las.

Lothar wandte sich zu Kerstin und sagte: „Schatz, ich fürchte, unsere Zeit hier in der Toskana ist abrupt zu Ende. Wir haben Post vom ‚Blutkreuz Korbs' erhalten."

„Nein, das kann doch nicht wahr sein. Es war so schön Zeit mit meiner Familie zu verbringen und diese traumhafte Umgebung zu genießen. Aber ich ahne, dass etwas Unvorhergesehenes auf uns zukommt. Eine neue Mission, richtig?"

„Ja, genau. Die Informationen in diesem Umschlag sind besorgniserregend. Wir haben den Auftrag, Kvasir zum Mond zu bringen und ihn an ein dort wartendes Vrill-Raumschiff auf der dunklen Seite des Mondes zu übergeben. Es klingt gefährlich, Kerstin."

„Es zerreißt mir das Herz meine Eltern und Freunde zurückzulassen. Und Kvasir, er hat uns Menschen sieben Jahre lang geholfen. Ich kann nicht glauben, dass Wir ihn zurückschicken, obwohl es sein Wunsch war. Als Kvasir und ich uns unterhielten, sagte Kvasir zu mir, er möchte unbedingt wieder nachhause."

„Kerstin, hier in den Unterlagen steht, dass wir am Feldflugplatz in der Toskana abgeholt werden. Und jetzt halte dich fest." Lothar pausiert kurz dramatisch und fuhr fort: „Mit dem neu instandgesetzten Vrill Raumschiff von Kvasir, an dem sie sieben Jahre gearbeitet hatten."

„Unglaublich...", brachte Kerstin nur noch raus.

„Kerstin, du wirst es nicht glauben. Hier steht es schwarz auf weiß: Ich soll der Kapitän dieser Mission sein! Wir werden gemeinsam mit unserer vertrauten Haunebu 2 Crew aufbrechen, dieselbe Crew, mit der wir einst den Mond erreicht haben. Unser Ziel ist es, Kvasir in drei Tagen sicher zur Mondbasis zu bringen."

„Das ist einfach unglaublich Lothar! Du als Kapitän und ich an deiner Seite. Wir werden erneut in den Weltraum reisen, dieses Mal mit dem instandgesetzten Vrill Raumschiff. Es ist wie ein Traum, der wahr wird."

„Uns steht zweifellos eine aufregende und lehrreiche Mission bevor. Als Crew sind wir dafür verantwortlich, dass Kvasir sicher auf die Mondbasis gelangt, wo ihn ein Vrill Raumschiff abholen wird."

„Ja, ich weiß..." Eine Träne glänzte in Kerstins Auge.

Lothar nahm sie sanft in den Arm und sagte: „Lass uns die letzten 72 Stunden hier in der Toskana noch in vollen Zügen genießen. Dann beginnt eine neue Reise für uns. Egal, was uns erwartet, wir werden es gemeinsam durchstehen und als Team erfolgreich sein."

Kerstin stimmte ihm mit den Worten: „Genau, Lothar" zu.

Kvasir, der seit Jahrhunderten im Eis der Antarktis verschollen lag, wurde schließlich von aufgeschlossenen Menschen 1939 entdeckt und 1940 aus seinem Sarkophag befreit und wiederbelebt. Obwohl er während seiner Zeit bei den freundlichen Menschen viele wertvolle Erfahrungen und tolle Beziehungen geknüpft hatte, sehnte er sich dennoch nach seiner Heimat. Die Erde ist für Kvasir ein faszinierender und vielfältiger Ort geworden, aber tief in seinem Herzen spürte er die Sehnsucht nach seiner Heimat auf dem Planeten Vrill. Die Erinnerungen an seine ursprüngliche Welt und die Verbundenheit zu seinem Volk war stets präsent.

Trotz des liebevollen Empfangs und der Gastfreundschaft, die Kvasir auf der Erde erfahren hat, bleibt sein Wunsch stark, zu seinen Wurzeln zurückzukehren. Er vermisst die einzigartige Atmosphäre, die Technologie und die Kultur seines Heimatplaneten. Seine Loyalität gegenüber seinem Volk und die Verantwortung, die er für sein eigenes Zuhause empfindet, lassen ihn den Drang verspüren, seine Reise zurück in die Tiefen des Weltraums anzutreten. Es ist eine Entscheidung, die ihn zutiefst bewegt und vielleicht sogar zu einer Suche nach einem Mittel führt, um seine Heimat und die Erde auf eine Weise miteinander zu verbinden, die beide Welten vereint.

Obwohl Kvasir die Zeit auf der Erde schätzt und die Menschen als wundervolle Wesen betrachtet, ist seine wahre Heimat doch woanders. Sein Herz und sein Geist streben danach, die lange Reise in die unendlichen Weiten des Weltraums anzutreten, um endlich wieder in der vertrauten Umgebung von Vrill zu sein.

Die Würzburg-Anlage, auf der Bunkeranlage B7, war ein technologisches Meisterwerk. Sie verfügte über hochmoderne Radartechnik, die es ermöglichte, Flugzeuge in großer Entfernung zu orten und zu verfolgen. Durch die Integration der Vrill-Technologie konnten jedoch noch präzisere Daten und Informationen gewonnen werden.

Das System war auch in der Lage, Signale direkt ins Vrill-System zu senden und auf diese Weise eine Verbindung zu dem außerirdischen Planeten herzustellen.

Nach fünf langen Jahren der endlosen Aussendung von Nachrichten, durch die Bunkeranlage ‚B7‘ in Deutschland, durchbrach das Radar-Signal schließlich die unendlichen Weiten des Weltraums. Dies war keine gewöhnliche Nachricht, sondern ein pulsierender Ruf um Hilfe, unterstützt von Kvasirs bahnbrechender Vrill-Technologie. Das Signal raste mit atemberaubender Lichtgeschwindigkeit ins All hinaus, als ob es um sein Leben schrie und auf eine Antwort aus den Sternen hoffte. Am äußersten Rand ihrer Galaxie befand sich ein einzelnes Vrill-Raumschiff, das auf einer ungewöhnlichen Erkundungsmission unterwegs war. Plötzlich, wie ein ferner Donnerschlag, durchdrang das rätselhafte Vrill-Signal die Stille des Weltraums. Es war eine Nachricht, die die Vrill an einen Ort führte, den sie nie für möglich gehalten hatten - zu Kvasir, einem verlorenen Vrill-Forscher und renommierten Wissenschaftler auf der Erde. Die Menschen hatten ihn gut behandelt, doch seine Sehnsucht nach der Heimat auf dem Planeten Vrill trieb ihn dazu, sich nach seiner wahren Bestimmung zu sehnen. Die Koordinaten eines Treffpunktes auf der Rückseite des Mondes begleiteten diese verzweifelte Botschaft. Die Vrill fassten den Entschluss Kvasir zu retten und mit ihm einen äußerst wertvollen Kristall zurückzubringen, den er auf der Erde entdeckt hatte; ein Kristall, der das Schicksal ganzer Welten verändern könnte.

Mit ihrem atemberaubenden Talent, Wurmlöcher zu erzeugen und hindurch zu navigieren, sandten die Vrill eine Nachricht zurück. In dieser Nachricht bebte ihre Freude über die bevorstehende Wiederbegegnung mit ihrem verlorenen Vrill-Forscher. Die Daten, die Kvasir von der Erde mitbrachte, waren für die Vrill von unschätzbarem Wert. Sie hungerten nach Informationen, und so übermittelten sie den vereinbarten Tag und die genaue Uhrzeit für die Abholung Kvasirs auf der dunklen Seite des Mondes.

Schließlich brach der Tag der Abreise an. Marco, der Chauffeur machte sich bereit Kerstin und Kapitän Lothar abzuholen. Die Atmosphäre war elektrisch aufgeladen, denn sie wussten, dass ihre epische Reise ins Unbekannte alles verändern könnte und sie würden um jeden Preis sicherstellen, dass der unschätzbare Kristall die Reise unversehrtüberstand, damit er eines Tages sein unglaubliches Potenzial entfalten könnte.

Schweren Herzens verabschiedeten sie sich von ihren Eltern und machten sich auf den Weg zum Feldflugplatz. Spannung und Vorfreude erfüllten die Luft.

Am Feldflugplatz angekommen, wurden Kerstin und Kapitän Lothar von seiner Haunebu 2 Crew erwartet, das sie bei ihrer Mission begleiten würde. Kvasir, der außerirdische Freund, stand lächelnd bereit, um sie an Bord des wieder instandgesetzten Vrill Raumschiffes zu begrüßen. Neben ihm standen John, der Sicherheitsoffizier und Geologe, der für die Sicherheit der Crew verantwortlich sein würde, sowie Charlotte, die Chefingenieurin und Navigatorin des Raumschiffes. Sie hatte das technische Know-how, um das Raumschiff zu steuern und die Reise sicher zu gestalten. Und schließlich war da noch Doktor Peter, der Mediziner der Crew, der sich um das Wohlbefinden der Crew kümmern würde.

Kapitän Lothar freute sich verkünden zu können, dass das ‚Blutkreuz Korbs' zwei äußerst talentierte Köche für die Crew der ‚Orion' ausgewählt hatte. Chefkoch Marcello und Koch Gino übernahmen die Verantwortung für die Zubereitung der Mahlzeiten an Bord des Raumschiffes. Mit ihrer Expertise und Kreativität sorgten sie dafür, dass die Crewmitglieder während ihrer Reise mit köstlichen und nahrhaften Gerichten verwöhnt wurden. Das Essen wurde stets entsprechend der individuellen Vorlieben und Ernährungsbedürfnissen der Besatzung zubereitet, um jedem ein angenehmes und geschmackvolles Erlebnis zu bieten. Kapitän Lothar war zuversichtlich, dass die kulinarischen Fähigkeiten von Chefkoch Marcello und Koch Gino das Teamgefühl und die Zufriedenheit der Crew während ihrer Mission stärken würden.

Die gesamte Crew strahlte vor Vorfreude und Aufregung, als sie Kerstin und Kapitän Lothar willkommen hießen.

Dort stand es: Das Vrill Raumschiff, das mächtigste und beeindruckendste Raumschiff, dass die Erde jemals besessen hatte. Es strahlte eine Aura von modernster Technologie und Abenteuerlust aus. Kerstin und Kapitän Lothar standen fasziniert und sprachlos vor dem außerirdischen Raumschiff. Es erhob sich majestätisch vor ihnen. Seine glänzende Außenhülle reflektierte das Licht der Sterne und ließ es wie funkelnde Diamanten erscheinen. Die Form des Raumschiffes war elegant und futuristisch zugleich, mit geschwungenen Linien und scharfen Kanten, die eine Aura von Kraft und Eleganz ausstrahlten. Die Größe dieses Raumschiffes war überwältigend. Das Raumschiff ragte, mit einem Durchmesser von etwa 100 Metern, bis hoch in den Himmel.

Die Oberfläche war mit komplexen Mustern und Symbolen verziert, die eine fremdartige Schönheit ausstrahlten. Die Farben schimmerten in allen Schattierungen von Silber und Blau, was dem Raumschiff ein beinahe magisches Aussehen verlieh. Die Fenster des Raumschiffes waren groß und ermöglichten einen atemberaubenden Blick auf das Universum. Durch das klare Glas konnte man die Sterne und Galaxien in ihrer ganzen Pracht sehen, während das Raumschiff lautlos in der unendlichen Leere schwebte.

Die Technologie, die in dieses Raumschiff eingebaut war, schien der menschlichen Vorstellungskraft zu trotzen. Es gab keine sichtbaren Triebwerke oder Antriebe, die das Schiff in Bewegung versetzten. Stattdessen schien es regelrecht mit der Energie des Universums zu verschmelzen und sich mit Leichtigkeit durch den Raum zu bewegen.

Kerstin und Kapitän Lothar konnten kaum fassen, was sie da vor sich sahen. Dieses außerirdische Raumschiff verkörperte die Spitze der technologischen Fortschritte und war ein Zeugnis für die unglaubliche Intelligenz und Fähigkeiten einer außerirdischen Zivilisation. Kerstin und Kapitän Lothar standen erwartungsvoll vor dem Eingang des Raumschiffes. „Bitte an Bord gehen zu dürfen." John, der Sicherheitschef, trat vor sie und sagte mit einem respektvollen Ton: „Kapitän Lothar. Erlaubnis erteilt Kapitän. Bitte treten Sie an Bord. Das Raumschiff steht ab jetzt unter ihrer Führung."

Mit einem Lächeln folgten sie seiner Einladung und betraten das mächtige Raumschiff. Ab jetzt war er der Kapitän des stärksten und mächtigsten Raumschiffes, das es auf der Erde je gegeben hat.

Im Inneren wurden sie von Kvasir und dem restlichen Team nochmals herzlich empfangen. Sie wurden in ihre Unterkünfte geführt, die ihnen während der Mission als Rückzugsort und

Ruheplatz dienen würden. Kerstin und Kapitän Lothar waren beeindruckt von der modernen Ausstattung und dem Komfort, den ihre Unterkünfte boten. Jedes Detail war durchdacht und darauf ausgerichtet, ihnen einen angenehmen Aufenthalt während der Reise zu ermöglichen.

Die Unterkunft des Kapitäns war geräumig und anspruchsvoll gestaltet. Beim Betreten des Raumes fiel sofort die elegante Einrichtung auf. Es gab eine komfortable Schlafzone mit einem bequemen Bett, das sich an die individuellen Bedürfnisse des Kapitäns anpassen konnte. Die Raumtemperatur und die Beleuchtung konnten nach Vorlieben eingestellt werden, um einen friedlichen Schlaf zu gewährleisten. Ein Schreibtisch mit moderner Kommunikationstechnologie und einem hochauflösenden Bildschirm war vorhanden, um dem Kapitän die Möglichkeit zu geben, wichtige Daten und Informationen zu überprüfen und Entscheidungen zu treffen. Zudem gab es einen Bereich zur Entspannung, mit bequemen Sitzgelegenheiten und einem Unterhaltungssystem für die Freizeit.

Die Unterkunft von Kerstin bot ähnlichen Komfort und Annehmlichkeiten. Sie hatte einen eigenen Schlafbereich mit einem gemütlichen Bett und persönlichen Stauraum für ihre Habseligkeiten. Ein Arbeitsbereich mit einem Schreibtisch und Kommunikationstechnologie ermöglichte es ihr, ihre Arbeit als Archäologin fortzusetzen und Forschungsdaten zu analysieren. Darüber hinaus gab es einen Aufenthaltsbereich, in dem Kerstin sich entspannen und ihre Freizeit genießen konnte. Hier befanden sich bequeme Sitzmöbel, ein Unterhaltungssystem und ein kleiner Bereich für sportliche Aktivitäten oder Yogaübungen, um körperlich und geistig fit zu bleiben.

Sowohl die Unterkunft des Kapitäns als auch Kerstins Unterkunft waren so gestaltet, dass sie den Bedürfnissen und Anforderungen, während der Reise, gerecht wurden. Es war klar erkennbar, dass viel Wert auf Komfort, Funktionalität und Ästhetik gelegt wurde, um ihnen einen angenehmen Aufenthalt zu ermöglichen und ihre Mission bestmöglich zu unterstützen.

„Kvasir!“ sagte Lothar und pausierte kurz. „Ich bin völlig überwältigt, es verschlägt mir den Atem. Was ich hier sehe und was ihr geschaffen habt; mir fehlen die Worte, ich danke dir. Nicht bloß als Kapitän, sondern auch als Freund. Was auch immer passieren sollte, du kannst dich immer, zu jeder Zeit, auf meine Loyalität verlassen. Ich kann meinen Dank an dich überhaupt nicht in Worte fassen“ sagte er ergriffen und nahm Kvasir in die Arme. Kvasir war sichtlich gerührt von den Worten Lothars.

Mit einem warmen Lächeln erwiderte er: „Lothar, du brauchst dich nicht zu bedanken. Es war eine gemeinsame Anstrengung, dieses Raumschiff zu erschaffen. Ich bin stolz auf das, was sie erreicht haben, und ich bin dankbar, dass ich Teil dieses Teams sein darf.“ Er erwiderte Lothars Umarmung und fügte hinzu: „Deine Loyalität bedeutet mir viel, mein Freund.“

Kerstin und Kapitän Lothar bedankten sich bei Kvasir und dem Team für die gastfreundliche Begrüßung und die Bereitstellung der Unterkünfte. Sie waren dankbar für den Einsatz und die Vorbereitungen, die für sie getroffen wurden. Es war ein Moment der Verbundenheit und des Vertrauens zwischen ihnen und ihren Teammitgliedern. Während sie die Räumlichkeiten erkundeten, wurden ihnen die verschiedenen Bereiche des Raumschiffes gezeigt. Sie erhielten Einblicke in die Kontrollzentrale, die medizinische Abteilung, den Gemeinschaftsbereich und weitere wichtige Bereiche des Raumschiffes. Kerstin und Kapitän Lothar waren fasziniert von dem technologischen Fortschritt und dem enormen Potenzial, das ihnen zur Verfügung stand. Mit einem Gefühl der Vorfreude und Bereitschaft nahmen Kerstin und Kapitän Lothar ihre Unterkünfte in Besitz. Sie wussten, dass die kommenden Tage und Wochen herausfordernd sein würden, aber sie waren zuversichtlich, dass sie mit ihrem Team jede Aufgabe meistern würden. Das Raumschiff war nun ihr Zuhause und der Ausgangspunkt für das bevorstehende Abenteuer, das sie erwartete.

Die Sicherheit und Bewaffnung des Raumschiffes waren von großer Bedeutung. Kvasir, der über umfangreiches Wissen über das Raumschiff verfügte, erklärte Kerstin und Kapitän Lothar die Schutzvorrichtungen und die Verteidigungssysteme des Raumschiffes. Das Raumschiff war mit fortschrittlicher Technologie ausgestattet, um potenzielle Bedrohungen abzuwehren. Es verfügte über ein leistungsstarkes Schutzschild, das das Schiff vor feindlichen Angriffen und Gefahren aus dem Weltraum schützen sollte.

Zusätzlich waren verschiedene Abwehrmechanismen und Tarnvorrichtungen integriert, um die Sicherheit des Raumschiffes zu gewährleisten. Hinsichtlich der Bewaffnung verfügte das Raumschiff über verschiedene Waffensysteme, die im Falle einer Konfrontation zum Einsatz kommen konnten. Es gab Energiekanonen, Raketen-abwehrsysteme und andere fortschrittliche Waffen, um feindliche Angriffe abzuwehren und sich gegebenfalls zu verteidigen.

Nachdem Kerstin und Kapitän Lothar den Rundgang durch das Raumschiff beendet und ihre Quartiere begutachtet hatten, versammelten sie sich mit dem restlichen Team im gemütlichen Besprechungsraum. Alle nahmen Platz und freuten sich auf das bevorstehende Essen.

Mit einem breiten Lächeln ergriff Kapitän Lothar das Wort und eröffnete die Besprechung: „Liebe Crew, ich möchte euch nochmals sagen, wie beeindruckt ich von diesem Raumschiff und von euch allen bin. Es verschlägt mir wirklich den Atem, wenn ich daran denke, was ihr hier geschaffen habt. Mir fehlen die Worte, um meine Dankbarkeit auszudrücken."

Kerstin und die anderen Crewmitglieder lächelten zustimmend. Sie wussten, dass sie Teil eines außergewöhnlichen Teams waren und dass sie Großes leisten konnten.

Kapitän Lothar fuhr fort: „Unsere Hauptmission ist klar: Wir müssen Kvasir sicher zur Mondbasis bringen. Dabei ist es wichtig, dass wir sicher ans Ziel gelangen und unsere Mission zu erfüllen."

Die Atmosphäre im Raum war entspannt, aber auch voller Entschlossenheit. Jeder wusste, dass sie eine verantwortungsvolle Aufgabe hatten, aber sie waren bereit, sie anzunehmen und gemeinsam zu meistern. Während sie ihr Essen genossen, wurden letzte Details besprochen und die Strategie für die kommende Mission festgelegt. Es herrschte eine positive Stimmung im Raum, und alle waren bereit. Nach dem Essen hob das imposante Vrill Raumschiff ab und verließ den Feldflugplatz, der von den Sicherheitskräften des ‚Blutkreuz Korbs' umfangreich gesichert und bewacht wurde. Die Crew, bestehend aus der alten Besatzung und den zwei neuen Mitgliedern, machte sich auf den Weg zum Mond.

Die Vorfreude und Aufregung waren spürbar, während das Raumschiff sich durch die Weiten des Weltraums bewegte, bereit, die bevorstehenden Herausforderungen anzunehmen und die Mission erfolgreich zu erfüllen.

Während des Briefings diskutierte die gesamte Crew angeregt über einen passenden Namen für ihr Raumschiff. Sie waren sich einig, dass es einen Namen verdiente, der seine Stärke, Eleganz und Bedeutung widerspiegelte. Vorschläge wurden gemacht und Ideen flogen durch den Raum.

Nach intensiver Überlegung und einer demokratischen Abstimmung einigte sich die Crew schließlich auf den Namen, der ihre gemeinsame Reise und ihre Verbundenheit repräsentierte: ‚Raumschiff Orion: Himmelsjäger'. Dieser Name verkörperte ihre Entschlossenheit, die Weiten des Weltraums zu erkunden und mögliche Gefahren abzuwehren.

Mit Stolz würden sie fortan unter dem Namen ‚Raumschiff Orion: Himmelsjäger' in die Geschichte eingehen und ihre Mission mit Leidenschaft und Hingabe fortsetzen.

Kvasir und die gesamte Mannschaft des ‚Raumschiffes Orion: Himmelsjäger' waren voller Glück und Freude über den festlichen Anlass. Sie feierten ausgelassen und voller Begeisterung, um den Namen ihres Raumschiffes gebührend zu würdigen.

Die Atmosphäre war von Jubel und Freude erfüllt, während sie gemeinsam anstießen. Jeder spürte den Zusammenhalt und die Verbundenheit in der Crew, die durch diesen besonderen

Moment noch weiter gestärkte wurde. Kapitän Lothar wandte sich an die neue Kommunikationsoffizierin Kerstin und gab den Befehl, eine Nachricht an die Mondbasis zu senden. Kerstin nahm ihre Position ein und begann die Übermittlung. Mit ruhiger Stimme sprach sie in das Kommunikationssystem: „Hier spricht das Raumschiff Orion. Wir befinden uns auf dem Weg zu euch, beladen mit Proviant, Sauerstoff und neuen Mondbasiselementen zur Erweiterung eurer Ressourcen. Wir freuen uns darauf, bei unserer Landung Zeuge eurer Fortschritte zu sein. Bitte gebt uns eine Rückmeldung, damit wir sicherstellen können, dass unsere Botschaft empfangen wurde."

Die Crew des Raumschiffs Orion wartete gespannt auf eine Antwort von der Mondbasis, während sie weiterhin ihren Kurs Richtung Mond beibehielten.

Sie waren gespannt darauf, die Zusammenarbeit mit den Mitarbeitern der Basis fortzusetzen und ihre Hilfe anzubieten, um den Fortschritt und die Entwicklung der Mondbasis voranzutreiben.

Die Antwort der Mondbasis folgte prompt, doch sie klang etwas überrascht: „Hier spricht die Mondbasis. Wir haben euren Funkspruch empfangen und sind erfreut über eure Ankündigung. Jedoch müssen wir gestehen, dass wir von einem Raumschiff namens ‚Orion' noch nie zuvor gehört haben. Euer Erscheinen wird eine willkommene Überraschung sein. Wir sind gespannt darauf, euch zu empfangen und die neuen Elemente für die Mondbasis entgegenzunehmen. Gute Reise und wir erwarten euch mit großer Neugier!"

Ein Schmunzeln breitete sich im Briefing-Raum des Raumschiffes ‚Orion' aus. Sie hatten nicht erwartet, dass ihr Raumschiff und dessen Name solch eine Verwunderung hervorrufen würden. Trotzdem waren sie stolz darauf, dass sie mit dem Raumschiff ‚Orion: Himmelsjäger' etwas Einzigartiges geschaffen hatten.

Mit einem Gefühl von Aufregung und einer Prise Abenteuerlust setzten sie ihren Kurs fort, gespannt darauf, wie die Mondbasis auf ihr Erscheinen reagieren würde.

Kapitän Lothar erhob sich und gab den Befehl an die Crew: „Bereitmachen zum Annähern an die Mondbasis! Lasst uns langsam auf die Mondbasis zusteuern und alle Vorbereitungen für das Andocken und die Übergabe ihrer Lieferung treffen."

Die gesamte Crew antwortete im Chor mit einem kräftigen „Aye, Kapitän!" Ihre entschlossene Bereitschaft war deutlich spürbar, während sie sich in Position brachten und die notwendigen Maßnahmen ergriffen, um sicher an der Mondbasis anzudocken.

Nachdem Charlotte die ‚Orion' erfolgreich an der Mondbasis angedockt hatte, warteten sie geduldig. Der Luftdruck in der ‚Orion' wurde an den der Mondbasis angepasst, bevor sich die Schleusen auf beiden Seiten öffneten. Ein leises Zischen war zu hören, als sich die Türen langsam öffneten und die Crew der ‚Orion' die Mondbasis betrat. Die Mond-Crew, die noch nie zuvor ein derart gigantisches Raumschiff gesehen hatte, war fasziniert und staunte über die imposante Erscheinung der ‚Orion'.

Die Mitglieder der Orion-Crew wurden herzlich von ihren bekannten Kollegen der Mond-Crew empfangen. Es war ein freudiges Wiedersehen, geprägt von gemeinsamen Erlebnissen und der Vorfreude auf die Zusammenarbeit. Auch Kapitän Lothar begrüßte das Mond-Team mit einem breiten Lächeln und betonte die Bedeutung ihrer Mission und die Freude, die Lieferung von Proviant, Sauerstoff und neuen Mondbasis Elementen zu übergeben.

Die beiden neuen Crewmitglieder, die Köche und Helfer, wurden neugierig von dem Mond-Team begrüßt und mit offenen Armen empfangen. Es war eine Gelegenheit für beide Teams, ihre Erfahrungen und Kenntnisse auszutauschen und voneinander zu lernen. Eine Atmosphäre der Zusammenarbeit und des Miteinanders lag in der Luft, während sich die Teams auf die bevorstehende Aufgabe konzentrierten. Gemeinsam machten sich die Teams daran, die Lieferung zu entladen und die neuen Mondbasis Elemente an die entsprechenden Stellen zu bringen. Die Zusammenarbeit funktionierte reibungslos, da jeder sein Bestes gab, um den reibungslosen Ablauf zu gewährleisten. Es war ein Moment des Stolzes und der Zufriedenheit, als die Teams sahen, wie ihre Bemühungen Früchte trugen und sie dazu beitrugen, die Mondbasis weiter auszubauen und zu verbessern. Die Crew der ‚Orion' und das Mond-Team feierten den erfolgreichen Moment mit einem ausgelassenen Festmahl. Sie waren erfüllt von Stolz und Freude über die gelungene Zusammenarbeit und den Fortschritt ihrer Mission. Es war ein Moment der Verbundenheit, als sie sich an einen festlich gedeckten Tisch setzten und die Köstlichkeiten genossen.

Während des Festmahls hatten die Crewmitglieder die Möglichkeit, Kvasir persönlich kennenzulernen. Es war eine besondere Ehre für sie den legendären Raumfahrer zu treffen und ihm bei seiner Reise zur anderen Seite des Mondes behilflich zu sein. Sie lauschten seinen Geschichten und Erfahrungen, bewunderten seinen Mut und seine Weisheit. Es war ein inspirierender Moment, der sie dazu anspornte, ihre eigenen Grenzen zu überschreiten und nach neuen Herausforderungen zu streben. Inmitten von Lachen, Gesprächen und guten Wünschen für die Zukunft wurden die Bande zwischen der Crew der legendären ‚Orion' und des Mond-Teams gestärkt. Sie erkannten, dass sie gemeinsam Großes erreichen konnten und, dass ihre Zusammenarbeit der Schlüssel zu weiterem Erfolg war.

Es war ein Moment des Dankes, in dem sie sich bewusst wurden, wie privilegiert es war, Teil eines so außergewöhnlichen Teams zu sein. Am nächsten Tag begann das Mond-Team gemeinsam mit der Crew der ‚Orion' damit, die neu mitgebrachten Teile, zur Vergrößerung der Mondbasis, aufzubauen. Die bereits beeindruckend große Raumstation sollte noch weiter ausgebaut werden, um Platz für weitere Untersuchungen, Quartiere und Forschungseinrichtungen zu schaffen. Mit vereinten Kräften und technischem Know-how wurden die Module sorgfältig positioniert und miteinander verbunden. Es war ein faszinierender Anblick, wie die Mondbasis langsam Form annahm und immer imposanter wurde. Die Crewmitglieder arbeiteten Hand in Hand, um jedes Detail genau zu beachten und sicherzustellen, dass alles reibungslos verlief. Während des Aufbaus wurden bereits Pläne geschmiedet, wie die neuen Räume genutzt werden könnten. Es gab Diskussionen über weitere Forschungsprojekte, Untersuchungen der Mondoberfläche und Möglichkeiten zur Erweiterung der wissenschaftlichen Erkenntnisse. Alle waren voller Vorfreude auf die neuen Möglichkeiten, die sich mit der Vergrößerung der Mondbasis eröffneten. Es war ein Tag harter Arbeit, aber auch ein Tag voller Euphorie und Hoffnung. Die Crewmitglieder waren stolz auf das, was sie geschaffen hatten, und darauf, Teil dieses visionären Projekts zu sein. Die Mondbasis sollte nicht nur ein Ort der Entdeckung und des Fortschritts sein, sondern auch ein Symbol für die Zusammenarbeit der Menschen im Weltraum. Mit jedem montierten Teil wurde die Mondbasis zu einem noch beeindruckenderen Ort, der Raum für neue Ideen, Erkenntnisse und Abenteuer bot.

Die Crew der ‚Orion' und das Mond-Team waren fest entschlossen das Potenzial des Mondes voll auszuschöpfen und die Grenzen der menschlichen Forschung auch zukünftig zu erweitern. Gemeinsam schrieben sie ein neues Kapitel in der Geschichte der Raumfahrt und setzten ihre Träume und Ziele in die Realität um. In der Tat spielte das von Kvasir entwickelte Energiekraftwerk eine entscheidende Rolle für die Mondbasis. Mit Hilfe der reichlich vorhandenen Vrill-Kristalle, die sie auf dem Mond entdeckt und sogar zur Erde gebracht hatten, war es möglich, ein leistungsstarkes, aber dennoch kompaktes Energiekraftwerk zu entwickeln. Das Energiekraftwerk basierte auf innovativer Vrill-Technologie und war in der Lage die gesamte Mondbasis mit Strom zu versorgen. Trotz seiner geringen Größe war es in der Lage eine erstaunliche Menge an Energie zu erzeugen und den Energiebedarf der Basis zu decken. Die Vrill-Kristalle erwiesen sich als eine wahrhaft unerschöpfliche Quelle der Energie, die das Kraftwerk nutzte, um Strom zu erzeugen. Die Crew war fasziniert von dieser Technologie und der Möglichkeit, die Mondbasis unabhängig von externen Energiequellen zu betreiben. Das Energiekraftwerk war nicht bloß eine technische Errungenschaft, sondern ein Meilenstein für die Nutzung von Vrill-Energie. Es war ein Beispiel dafür, wie die Zusammenarbeit zwischen Menschen und außerirdischer Technologie zu bahnbrechenden Fortschritten führen konnte.

Mit dem Energiekraftwerk als Herzstück, konnte die Mondbasis ihre Forschungsaktivitäten, Lebenserhaltungssysteme und andere wichtige Funktionen problemlos betreiben. Es war ein bedeutender Schritt in Richtung Selbstversorgung und Unabhängigkeit.

Die Crew war stolz auf das, was sie erreicht hatten, und auf die Tatsache, dass sie mithilfe von Kvasirs Expertise und den Vrill-Kristallen eine nachhaltige Energiequelle auf dem Mond etablieren konnten. Es war ein weiterer Beweis für den Fortschritt und die Potenziale der Menschheit im Weltraum.

Nachdem der Aufbau und die Installationen abgeschlossen waren, gönnte sich die gesamte Crew eine wohlverdiente Pause. Im Besprechungsraum wurde von den beiden neuen Köchen ein köstliches Essen zubereitet, wobei sie die mitgebrachten frischen Lebensmittel auf kreative Weise verwendeten. Die Crew genoss das schmackhafte Essen in geselliger Runde. Es wurde viel gelacht, Geschichten wurden ausgetauscht und das Gemeinschaftsgefühl stärkte sich weiter. Der Moment war geprägt von Entspannung, gutem Essen und fröhlicher Unterhaltung. Nachdem das Essen beendet war, zog sich jeder in sein Quartier zurück. Es war Zeit für etwas Ruhe und Erholung, um neue Energie für die kommenden Aufgaben zu tanken. Die Quartiere waren komfortabel und boten jedem Crewmitglied die Möglichkeit, sich zurückzuziehen und zu entspannen.

Kapitel 9

Das Rendezvous auf der dunklen Seite des Mondes – Kvasirs Abholung –

Ein weiterer bedeutender Höhepunkt des Tagesprogramms war das geplante Treffen ,mit dem Vrill-Raumschiff, auf der abgewandten Seite des Mondes. Dieses Raumschiff, das aus fernen Regionen des Weltalls kam, trug eine besondere Bedeutung für die Mission mit sich. Vor allem stand die Ablieferung von Kvasir auf dem Programm, als auch das mitnehmen eines großen Containers, beladen mit wertvollen Vrill-Mineralen. Dies war Kvasirs Wunsch. Er wollte das wertvolle Vrill-Mineral als Geschenk für sein Volk, von den Erdbewohnern und sich, überbringen.

Nach dem Briefing und dem gemeinsamen Frühstück machte sich die Crew bereit, den Tagesplan in die Tat umzusetzen. Die Aufregung und die Motivation waren spürbar, als sie sich auf den Weg machten, um Kvasir zu verabschieden und die ‚Orion' von der Mondbasis abzukoppeln.

Nachdem die ‚Orion' erfolgreich von der Mondbasis abgekoppelt wurde, schaute das Mond-Team fasziniert auf das beeindruckende Raumschiff, das majestätisch in den Weltraum glitt. Die Größe und Eleganz der ‚Orion' hinterließ einen bleibenden Eindruck bei ihnen. Es war ein stolzer Moment, als sie ihre Mission und ihr Raumschiff in Aktion sahen. Die Crew war gespannt auf das bevorstehende Rendezvous auf der dunklen Seite des Mondes, doch als das Raumschiff ‚Orion' auf der dunklen Seite des Mondes ankam, herrschte zunächst eine ungewöhnliche Stille. Die Crew war überrascht, dass sie nichts sehen konnten und die Umgebung absolut dunkel war. Verwirrung und Fragezeichen schwebten im Kontrollraum, während sich alle fragten, was denn passiert sei.

Kapitän Lothar und Kvasir tauschten besorgte Blicke aus. Etwas stimmte nicht. Normalerweise wäre das Raumschiff der Vrill bereits da gewesen, um Kvasir abzuholen. Die Ungewissheit und die fehlende Kommunikation verstärkten die Anspannung im Kontrollraum.

Die Crew begann sofort die Situation zu analysieren. Sie überprüften die Sensoren und Scanner; alles funktionierte, und doch gab es keine Hinweise auf das Vrill Raumschiff, oder irgendetwas anderes in der Umgebung. Die Stille wurde von dem Gefühl der Verlorenheit und des Unbekannten begleitet.

Die Crew der ‚Orion' war fassungslos, als sich plötzlich nach zwei Stunden warten, ein gigantisches Vrill Raumschiff vor ihnen enthüllte. Es war von einer Größe, die sie noch nie zuvor gesehen hatten und überragte ihr eigenes Raumschiff bei Weitem. Verwundert und ein wenig ängstlich beobachteten sie, wie das mächtige Raumschiff sie scannte.

Während die Crewmitglieder sich unsicher ansahen, öffnete sich eine gigantische Klappe an der Seite des Raumschiffes. Alle hielten den Atem an und blickten gebannt auf das sich enthüllende Innere. Die Klappe war groß genug, um problemlos mehrere Raumschiffe aufzunehmen.

Kerstin, die Kommunikationsoffizierin, empfing plötzlich Signale in der Vrill-Sprache. Zu ihrer Überraschung konnte sie sie verstehen, ebenso wie Kvasir, der sie für die Crew übersetzte. Die Nachricht beruhigte sie und versicherte ihnen, dass sie keine Angst haben sollten.

Die Stimme in der Vrill-Sprache forderte sie auf, langsam in die geöffnete Klappe zu fliegen. Dort würden sie von einem Traktorstrahl erfasst und an einen bestimmten Ort im Raumschiff gebracht werden, an dem sie sicher andocken konnten.

Mit ungewissen Gefühlen und einer Mischung aus Nervosität und Neugier folgte die Crew der Anweisung. Sie steuerten die ‚Orion' vorsichtig in die geöffnete Klappe des gewaltigen Raumschiffes. Ein kraftvoller Traktorstrahl erfasste sie und führte sie sanft an den vorgesehenen Ort.

Kerstin unsere Kommunikationsoffizierin

Als sie sicher angekommen waren, schlossen sich die Tore hinter ihnen, und sie befanden sich in einer fremdartigen, aber faszinierenden Umgebung. Die Crew der ‚Orion' war beeindruckt von der Größe und dem technologischen Fortschritt des Vrill-Raumschiffes. Kvasir war total aufgeregt und auch wir spürten eine starke Anspannung, als sich das Andock-Tor öffnete und ein Komitee von Vrill-Mitgliedern sie freundlich begrüßten, wie es in ihrer Kultur üblich ist. Die Atmosphäre war fremdartig und doch faszinierend zugleich. Kerstin griff nach Kapitän Lothars Hand und drückte sie fest, als sie das gewaltige Vrill-Raumschiff betraten. Es schien eine andere Welt zu sein. Die Vrill brachten sie zu einem Unterkunftsraum, während Kvasir an einen anderen Ort gebracht wurde, der für ihn bestimmt war. Der auf der Erde abgestürzte, außerirdische Kvasir, ein angesehener Forscher und Wissenschaftler seiner Spezies, wurde nach Jahrhunderten der Trennung endlich von seinen Artgenossen, den Vrill, herzlich begrüßt und empfangen. Die Begegnung war von einer Mischung aus Freude, Neugier und Erleichterung geprägt, da die Vrill lange Zeit im Unklaren über das Schicksal ihres verlorenen Mitstreiters waren. Kvasir fühlte eine Mischung aus Euphorie und Traurigkeit, als er von seinen Artgenossen begrüßt wurde. Die Vrill, die er vor hunderten von Jahren gekannt und geliebt hatte, waren leider längst verstorben. Dennoch empfand er eine tiefe Vertrautheit zu der neuen Generationen der Vrill, die ihm nun begegneten. Obwohl die Gesichter anders waren, spürte er die gleiche geistige Verwandtschaft und den Wunsch nach Zusammenarbeit und Verständnis. Die Vrill, die Kvasir empfingen, hatten von den Legenden über ihn gehört und waren fasziniert von den Erzählungen über seine Abenteuer auf der Erde. Sie bewunderten seine Entschlossenheit, sein Wissen und seine Hartnäckigkeit, die dazu beigetragen hatten, dass er die Jahrhunderte überdauerte. Die Begegnung war geprägt von einem tiefen Respekt und einer bewundernswerten Bereitschaft, voneinander zu lernen und gemeinsam zu wachsen. Auch Kvasir wurde in einer Unterkunft untergebracht, die seiner außergewöhnlichen Bedeutung gerecht wurde. Die Räumlichkeiten waren groß und elegant gestaltet, mit modernster Technologie und einem Hauch von Vrill-Ästhetik. Kvasir richtete sich in seinem neuen Zuhause ein, ordnete seine persönlichen Gegenstände an und nahm sich einen Moment Zeit, um die Atmosphäre zu genießen.

Nachdem er sich frisch gemacht hatte, zog Kvasir seine wunderschöne Vrill-Uniform an, die eine perfekte Balance zwischen Eleganz und Funktionalität darstellte. Die Uniform bestand aus einem seidig schimmernden Stoff in tiefem Blau, verziert mit filigranen Mustern aus leuchtenden Farben, die im Licht der Vrill-Technologie schimmerten.

Ein hoher Kragen und kunstvoll gestaltete Schulterklappen verliehen der Uniform eine majestätische Note, während gleichzeitig die Bewegungsfreiheit gewahrt blieb.

Kvasir betrachtete sich im Spiegel und konnte nicht anders, als von der Bedeutung dieses Moments ergriffen zu sein. Er war bereit, seine Rolle als Vermittler zwischen den Vrill und der Menschheit anzutreten, eine Aufgabe, die er mit Stolz und Demut annahm.

In seiner wunderschönen Vrill-Uniform verkörperte er nicht nur die Brücke zwischen zwei Spezies, sondern auch die Hoffnung auf eine Zukunft des Friedens und der Zusammenarbeit. Als die Crew der ‚Orion', etwa zwei Stunden in dem Raum verweilen mussten, begann ein seltsames Gefühl in ihrer Magengegend aufzukommen. Unsere Ängste und Unsicherheiten wuchsen, und die Stille verstärkte das unbehagliche Gefühl. Sie waren nicht sicher, was auf sie zukommen würde, und die Ungewissheit nagte an ihren Nerven. Doch wir versuchten, uns gegenseitig zu beruhigen und Vertrauen in die Vrill, sowie ihre positiven Absichten zu haben.

Endlich öffnete sich die Tür des Unterkunftsraums, und Kvasir in seiner majestätischen Uniform und ein Vrill-Mitglied trat ein. Kvasir sprach beruhigend zu ihnen und erklärte, dass die Zeit des Wartens notwendig war, um die weiteren Schritte vorzubereiten. Ihnen wurde versichert, dass keine Gefahr für sie bestand.

Es war eine Lektion in Geduld, Vertrauen und Offenheit für sie alle. Sie hatten gelernt, dass manchmal die ungewissen Momente Teil eines größeren Plans sind und dass es wichtig ist, Vorurteile und Ängste abzulegen, um neue Erfahrungen und Möglichkeiten zu entdecken. Sie wurden zu ihren Unterkünften gebracht, die erstaunlicherweise wie auf der Erde gestaltet waren. Es war eine angenehme Überraschung, die ihnen ein Gefühl von Vertrautheit vermittelte. Sie waren dankbar für die Möglichkeit, sich frisch zu machen und sich auf das bevorstehende Treffen im Besprechungsraum vorzubereiten. Nachdem sie sich etwas frisch gemacht hatten, wurden Kerstin und Kapitän Lothar von einem Vrill-Mitglied abgeholt, der erstaunlicherweise die deutsche Sprache beherschte, um sicherzustellen, dass sie sich nicht verliefen. Die Gänge des Raumschiffes waren weitläufig und faszinierend, und sie waren beeindruckt von der fortschrittlichen Technologie und dem architektonischen Design. Als Kerstin und Kapitän Lothar den Besprechungsraum betraten, wurden sie von einer warmen Atmosphäre und einem freundlichen Empfang begrüßt. Die Vrill-Mitglieder hatten bereits Platz genommen und erwarteten die zwei schon mit großem Interesse. Als sie sich setzten, spürten sie eine gewisse Überraschung bei den Vrill-Mitgliedern. Es schien, als hätten sie schon seit langer Zeit keine Menschen mehr gesehen. Die Neugier und das Interesse in ihren Augen waren unübersehbar.

Plötzlich erhob sich ein großer, schlanker Vrill, der in einem Gewand ähnlich dem eines Priesters gekleidet war. Kerstin und Kapitän Lothar hatten angenommen, dass er der Kommandant des Raumschiffes sei, doch es stellte sich heraus, dass er ein Botschafter vom Planeten Vrill war. An seiner Seite stand Kvasir.

Der imposante, gutaussehende Vrill stellte sich vor: „Ich bin Botschafter Arinthus vom Planeten Vrill." Er entschuldigte sich dafür, dass sie vorerst in diesem Raum untergebracht wurden. Arinthus erklärte weiter, dass sie umfassende Untersuchungen durchgeführt hatten, darunter Scans auf Erreger und Krankheiten, um sich vor möglichen Infektionen zu schützen. Nachdem alle Untersuchungen positiv verliefen, hatten sie alles vorbereitet, um die Menschen in angemessenen Unterkünften unterzubringen. Es war verständlich, dass die Vrill-Mitglieder Vorsicht walten ließen, denn unsere Begegnung war für sie genauso ungewohnt, wie für uns. Sie legten großen Wert auf die Sicherheit und das Wohlergehen, sowohl ihrer eigenen Rasse, als auch der Besucher aus einer anderen Welt.

Sie waren erleichtert zu erfahren, dass alle notwendigen Maßnahmen getroffen wurden, um die Gesundheit und Sicherheit aller zu gewährleisten.

Die Vrill-Mitglieder empfingen die Crew herzlich und bemühten sich, ihren Aufenthalt so angenehm wie möglich zu gestalten. Nachdem sie den Besprechungsraum verlassen hatten, begaben sie sich in den Speisesaal. Dort fanden sie die anderen Crewmitglieder bereits am Tisch vor, die auf sie warteten. Sie waren beeindruckt von der Vielfalt an Speisen, die dort für sie bereitstanden. Es schien, als hätten die Vrill-Mitglieder alle kulinarischen Vorlieben der Menschen von der Erde berücksichtigt. Kvasir hatte ihnen von den Essgewohnheiten der Menschen erzählt und sie hatten ihre Replikatorgeräte entsprechend programmiert.

Jedes Vrill-Mitglied an Bord hatte ein solches Gerät in seiner Unterkunft, das in der Lage war, nahezu alles sofort herzustellen, was sie sich wünschten. Wenn man sich nach einer Salami-Pizza sehnte, konnte man sie buchstäblich aus dem Gerät herbeizaubern lassen. Es war faszinierend zu beobachten, wie die Geräte funktionierten. Mit nur wenigen Eingaben konnte man aus einer breiten Auswahl an Gerichten auswählen und innerhalb weniger Augenblicke wurde das gewünschte Essen materialisiert. Es war wie Magie, aber es beruhte auf fortschrittlicher Technologie und den Fähigkeiten der Vrill.

Alle genossen das köstliche Essen und die angeregten Gespräche, die während der Mahlzeit entstanden. Es war ein Moment des gemeinsamen Genusses und der Freude, während sie sich über die vielfältigen Geschmacksrichtungen austauschten und die kulinarischen Köstlichkeiten der Erde mit den Vrill-Mitgliedern teilten.

Es war ein weiterer Beweis für die Gastfreundschaft und Offenheit der Vrill gegenüber uns Menschen. Sie hatten sich nicht nur darauf vorbereitet, uns auf ihrem Raumschiff willkommen zu heißen, sondern sie hatten auch dafür gesorgt, dass unsere Bedürfnisse und Vorlieben in Bezug auf das Essen erfüllt wurden.

Nachdem wir uns mit den köstlichen Speisen gestärkt hatten, waren wir bereit, auf das nächste Kapitel unserer Reise…

Am Abend, nachdem die Crew der ‚Orion‘ sich nach dem Abendessen frisch gemacht hatte, entstand eine erwartungsvolle Stimmung in den Unterkünften. Die Vrill waren neugierig darauf, die Menschen näher kennenzulernen und so wurde eine feierliche Begrüßungsveranstaltung auf dem majestätischen Vrill-Raumschiff organisiert, welche die Crew der ‚Orion‘ mit

Staunen erfüllte. Charlotte fand kaum Worte, um ihre Eindrücke zu beschreiben. „Das übertrifft wirklich alles, was ich je erwartet hätte”, sagte sie mit einem Staunen in der Stimme.

„Diese Zusammenkunft zwischen unseren beiden Spezies ist ein historischer Moment, und ich bin stolz darauf, dass ich und die Orion-Crew Teil davon sein dürfen.”

Die anderen Crewmitglieder nickten zustimmend, und einige von ihnen führten angeregte Gespräche mit den Vrill, die neugierig Fragen stellten und Einblicke in ihre Kultur und Technologie gewährten.

Die glänzenden Gänge und faszinierenden Technologien der Vrill beeindruckten jeden, der an Bord trat. Die Atmosphäre war erfüllt von Neugier und Aufregung, während Kvasir endlich wieder mit seinen Artgenossen vereint war.

Kerstin tauschte einen Blick mit Lothar aus und lächelte. „Es ist wirklich erstaunlich, wie offen und gastfreundlich die Vrill sind. Ich freue mich darauf, noch mehr über sie zu erfahren und gemeinsam mit ihnen zu arbeiten.”

Lothar nickte und ergriff ihre Hand. „Ja, das wird eine aufregende Reise, und ich bin froh, dass wir sie zusammen machen.“

Kerstin wandte sich lächelnd an Lothar, während sie die beeindruckende Begrüßungsfeier auf dem Vrill-Raumschiff betrachteten, und sagte: „Schatz, ehrlich gesagt hätte ich nie erwartet, dass wir hier eine solche Begrüßungsfeier erleben würden. Es ist einfach überwältigend.“

Lothar lächelte zurück und erwiderte: „Ich gebe zu, dass ich auch überrascht bin. Diese Vrill wissen wirklich, wie man Gäste willkommen heißt. Es ist ein Zeichen dafür, wie wichtig ihnen unsere Zusammenarbeit ist.“

Kerstin nickte zustimmend und fuhr fort: „Und diese Technologie und Atmosphäre hier an Bord – es ist fast wie in einem Science-Fiction-Film. Ich kann es immer noch nicht ganz fassen, dass wir Teil dieser unglaublichen Reise sind.“

„Das geht mir genauso", stimmte Lothar zu. „Es fühlt sich surreal an, aber auch unglaublich aufregend. Ich denke, wir haben noch viele spannende Abenteuer vor uns."

Während sie die Szenerie auf dem Raumschiff beobachteten, spürten Kerstin und Lothar die Bedeutung dieses Augenblicks. Sie wussten, dass sie Zeugen eines historischen Ereignisses waren – einer Begegnung zwischen zwei unterschiedlichen Spezies, die nun gemeinsam in die Zukunft blickten. Als sie ihre Hände ineinander verschränkten, fühlten sie sich bereit, jede Herausforderung anzunehmen, die das Universum für sie bereithielt. Während des Empfangs hingen die Vrill an Kvasirs Lippen und hörten gespannt zu, als er von seinen Erlebnissen auf der Erde erzählte. Seine Worte fesselten ihre Aufmerksamkeit, während er von den Errungenschaften der Menschheit sprach und von seiner Hoffnung auf eine enge Zusammenarbeit zwischen den beiden Spezies berichtete.

Obwohl die Vrill, die einst an seiner Seite waren, nicht mehr lebten, spürte Kvasir eine tiefe Verbindung zu der neuen Generationen der Vrill. Er fühlte ihre Neugier, ihren Durst nach Wissen und ihre Bereitschaft, gemeinsam für eine bessere Zukunft zu arbeiten. Während des Empfangs wurde beschlossen, dass Kvasir eine zentrale Rolle bei der Vertiefung der Zusammenarbeit zwischen den Vrill und der Menschheit spielen würde. Sein Wissen und seine Erfahrungen sollten dazu beitragen, Brücken zu bauen und eine Ära des Friedens, der Erkenntnis und des Fortschritts einzuleiten. Und so begann eine neue Ära der Zusammenarbeit und des Verständnisses zwischen den Vrill und der Menschheit. Mit Kvasir und der neuen Generationen der Vrill an vorderster Front. Die Vergangenheit verschmolz mit der Gegenwart, und die gemeinsame Vision einer vielversprechenden Zukunft für beide Spezies entfachte eine Welle der Hoffnung und des Optimismus, die in den Weiten des Weltraums widerhallte.

Der nächsten Morgen brach an und die gesamte Crew der ‚Orion‘ wurden auch dieses Mal rechtzeitig geweckt, machten sich frisch und wurden abermals von einem netten, höflichen Vrill abgeholt. Sie trafen sich voller Neugier und Erwartungen in einem Besprechungsraum des Vrill-Raumschiffes. Sie waren gespannt darauf, mehr über ihre Technologie und ihre Funktionsweise zu erfahren. Kvasir begleitete sie und freute sich ebenfalls auf den Austausch mit den Vrill-Mitgliedern. Die gesamte Crew der ‚Orion‘ begab sich gemeinsam auf einen Rundgang durch das atemberaubende Raumschiff. Es war beeindruckend, die fortschrittliche Technologie und die futuristische Gestaltung zu sehen. Die Vrill erklärten sich geduldig die Funktionsweise ihrer Replikationsgeräte und wie sie in der Lage waren, nahezu alles zu materialisieren. Sie alle waren fasziniert von der Vorstellung, solche Geräte auch für unsere Basis auf dem Mond zu nutzen. Höflich fragten sie nach, ob es möglich wäre, einige dieser Geräte für sich zu nutzen. Die Vrill waren offen für die Idee und versprachen, die Möglichkeit zu überprüfen. Während des Gesprächs betonten sie nachdrücklich unsere Bereitschaft, den Kontakt und die Zusammenarbeit mit den Vrill-Mitgliedern aufrechtzuerhalten. Diese außergewöhnliche interstellare Erfahrung war für sie alle von unschätzbarem Wert, da sie nicht nur voneinander lernten, sondern auch in vielerlei Hinsicht voneinander profitierten. Kvasir stimmte dem zu und konnte seine Freude über die Aussicht, weiterhin in enger Verbindung mit den Vrill zu stehen, kaum verbergen.

Nach dem Rundgang wollten sie sich sowohl gebührend bei Botschafter ‚Arinthus‘, als auch bei der gesamten Orion-Crew für ihre Unterstützung bedanken. Kapitän Lothar und das gesamte Team des Raumschiffes ‚Orion’ und Kvasir betraten den Raum mit spürbarer Aufregung, die sich wie ein strahlender Schimmer in der Luft ausbreitete. In seinen Händen hielt Kapitän Lothar nicht nur eine kleine Kiste mit einem angereicherten Vrill Kristall, sondern auch den Entschluss, nicht nur zu nehmen, sondern auch zu geben.

Ein gewaltiger Container, der bis zum Rand mit kostbaren Vrill Kristall gefüllt war, thronte im Lagerraum der ‚Orion' und barg das Potenzial, die Geschichte des Kosmos auf eine nie dagewesene Weise zu verändern. Die Anwesenheit von Botschafter Arinthus und der versammelten Vrill-Gemeinschaft, unterstrich die Bedeutung dieses Moments, der nicht nur die Vergangenheit, sondern auch die Zukunft beider Welten maßgeblich beeinflussen würde.

Als Kapitän Lothar, begleitet von Kvasir und der gesamten Orion-Crew, den Raum betrat, staunten sie über die Pracht, die sich vor ihnen ausbreitete. Der Raum war ein Meisterwerk der Vrill-Architektur. Die Wände schienen aus einem glänzenden Material zu bestehen, das in den Farben des Kosmos schimmerte. Das Deck war mit einem Muster aus Sternen und Galaxien verziert, und überall hingen kunstvoll gestaltete Leuchtkörper, die eine sanfte, beruhigende Atmosphäre schufen. In der Mitte des Raumes befand sich ein majestätischer runder Tisch, der aus einem Material gefertigt war, das an polierten Edelstein erinnerte. Die Stühle um den Tisch herum waren bequem gepolstert und luden zum Verweilen ein. Als sich die Crew setzte, spürten sie die außergewöhnliche Gastfreundlichkeit der Vrill. Kapitän Lothar erhob sich und wurde dabei von Kerstin, der 1ten Offizierin, kurz an der Seite berührt. Mit einem von Dankbarkeit erfüllten Blick begann er seine Rede im Namen der gesamten Crew und würdigte die Gastfreundschaft der Vrill. Botschafter Arinthus ergriff das Wort und bedankte sich herzlich für die Rückführung von Kvasir nach Vrill. Er betonte, wie sehr dies seiner Karriere als Forscher und Wissenschaftler zugutekommen würde. Daraufhin sprach Kerstin das Thema des Vrill Minerals an, und in den Augen der Vrill entflammte die Neugier zu einem wahren Feuer. Die Spannung im Raum war förmlich greifbar, während alle gespannt darauf warteten, mehr über dieses faszinierende Mineral zu erfahren.

Als Kapitän Lothar endlich die prächtige, reich verzierte und vergoldete Kiste öffnete, erschien der Vrill-Kristall, der von einer beeindruckenden Größe war und in einem atemberaubenden Glanz strahlte. Die Augen des Botschafter Arinthus und der gesamten Vrill-Gemeinschaft leuchteten vor Freude und Bewunderung, während sie sich überglücklich anschauten.

Auf Arinthus' Anweisung hin trat ein Vrill hervor, nahm behutsam die Kiste mit dem Vrill Kristall aus Kapitän Lothars Händen und begab sich damit in das Labor. Dort wurde der Kristall gründlich untersucht und analysiert. Das Ergebnis war schlichtweg verblüffend – eine Reinheit und Struktur, die selbst die erfahrensten Forscher und Wissenschaftler der Vrill in tiefes Staunen versetzte. Die Aufregung in der Versammlung nahm explosive Ausmaße an, und ein Funke der Hoffnung entflammte in den Herzen der Vrill.

Die Information über dieses außergewöhnliche Geschenk wurde dem Botschafter der Vrill, Arinthus, überbracht. Seine Augen glänzten vor Begeisterung und rührseliger Emotion, als er begriff, welch kostbares Geschenk die Menschen und Kvasir, der gestrandete Vrill auf der Erde, für sein Volk mitgebracht hatten. Dieses Mineral war weit mehr als nur ein Rohstoff; es symbolisierte die Verbundenheit zwischen den Menschen und den Vrill und zudem den aufrichtigen Willen zur friedlichen Koexistenz zwischen den Welten.

In Arinthus' Herz wuchs ein Gefühl, das wie ein galaktisches Feuer brannte. Dieses Geschenk schien nicht nur eine Brücke zwischen ihren beiden Welten zu schlagen, sondern ein Portal in eine Zukunft, die die Grenzen des Universums sprengen würde. Ein neues, aufregendes Kapitel in der Geschichte des Kosmos brach an, und es war geprägt von Entdeckungen, einer tiefen Zusammenarbeit und einer grenzenlos hoffnungsvollen Zukunft. Währenddessen wurde der gewaltige Container von der ‚Orion‘ auf das Botschafterschiff verladen, sorgsam geschützt und bereit, die Welt der Vrill zu erreichen. Diese Fracht hatte nicht nur das Potenzial, die Beziehungen zwischen den Welten zu festigen, sondern auch Arinthus' Ansehen im hohen Rat der Vrill zu stärken.

Arinthus zeigte ein immenses Interesse und fragte nach den Details unseres Abbauprozesses. sie erklärten ihnen, wie das Vrill Mineral auf der Erde und dem Mond abgebaut wurde – ein beeindruckendes Mineral, reich an Energieressourcen und mit vielfältigen Anwendungsmöglichkeiten, die uns von Kvasir, unserem außerirdischen Verbündeten, vermittelt wurden. Die Vrill waren tief beeindruckt von unserem Fortschritt und ihrer Fähigkeit, dieses wertvolle Mineral zu nutzen. Sie erkannten den unschätzbaren Wert der Zusammenarbeit und des Wissensaustauschs ihre beiden Welten. Eine Partnerschaft, so tiefgreifend, wie die unendlichen Weiten des Universums selbst, begann sich zu entwickeln. Gemeinsam verfolgten die Orion-Crew und die Vrill ein ehrgeiziges Ziel: Nicht nur Kvasir nachhause zu bringen, sondern auch die Zukunft der intergalaktischen Zusammenarbeit zu gestalten. Diese unerwartete Begegnung auf der abgewandten Seite des Mondes sollte nicht nur das Schicksal von Kvasir, sondern auch den Verlauf der interstellaren Geschichte in eine neue Richtung lenken. So entstand eine Win-Win-Situation. Sie boten den Vrill an, einen großen Teil des wertvollen Vrill Minerals zu erhalten, während sie im Gegenzug von ihrer technologischen Expertise und ihren Ressourcen profitieren konnten.

Diese Vereinbarung stärkte die Zusammenarbeit zwischen ihren beiden Welten und schuf eine Grundlage für langfristige Partnerschaften.

Es war ein weiterer Schritt in Richtung gemeinsamen Fortschritts und gegenseitiger Unterstützung. Sie waren erfreut darüber, dass sie etwas Wertvolles zu dieser Beziehung beitragen konnten und gleichzeitig die Chance hatten, von den Vrill zu lernen und ihr eigenes Wissen zu erweitern. Mit dieser neuen Dimension der Zusammenarbeit und dem Austausch von Ressourcen und Wissen, öffneten sich noch größere Möglichkeiten für die Zukunft. Sie waren gespannt darauf, wie diese Partnerschaft weiterwachsen und gedeihen würde, um gemeinsam neue Horizonte zu erkunden und Herausforderungen anzugehen.

Als Kvasir unwissentlich einige Details bei einer Unterhaltung mit der Orion-Crew verraten hatte, breitete sich eine Welle der Aufregung unter den Crewmitgliedern aus. Sie verspürten den unstillbaren Durst nach Informationen über das bevorstehende Upgrade der ‚Orion‘. Um diesen Durst zu stillen und sich vor der bevorstehende Reise zu beruhigen, versammelten sie sich in einem der geräumigen Besprechungsräume des Raumschiffes. Die Atmosphäre in diesem Raum war voller Erwartung. Die Crewmitglieder nahmen auf den bequemen Stühlen Platz, und ihre Gesichter strahlten Vorfreude aus. Kapitän Lothar und Kerstin betraten den Raum und stellte sich vor die versammelte Mannschaft.

Er begann das Gespräch: „Liebe Crew, ich kann eure Neugier und Aufregung förmlich spüren. Die Enthüllung von Kvasir hat unsere Erwartungen geweckt, und es ist an der Zeit, mehr über das bevorstehende Upgrade der ‚Orion‘ zu erfahren. Bevor wir in die Details eintauchen, möchte ich eure Gedanken und Erwartungen hören. Jeder von euch spielt eine entscheidende Rolle in diesem neuen Kapitel unserer Reise, und eure Meinungen sind von unschätzbarem Wert.“

Die Crewmitglieder begannen lebhaft zu diskutieren und teilten ihre Vorstellungen von den Verbesserungen, die sie erhofften. Einige sprachen über optimierte Antriebssysteme und erweiterte Forschungseinrichtungen, während andere sich auf die verbesserte Lebenserhaltung und den Komfort für Langstreckenreisen konzentrierten. Kapitän Lothar lauschte aufmerksam und nickte zustimmend, während die Ideen und Erwartungen seiner Crew zutage kamen. Nachdem alle ihre Gedanken ausgetauscht hatten, sagte er: „Vielen Dank für eure wertvollen Beiträge. Nun aber genug diskutiert, meine Crew. Behaltet eure Erwartungen im Hinterkopf, und auf zum Raumschiff ‚Orion‘, um das Upgrade zu erkunden. Ich bin stolz auf euch alle und freue mich darauf, gemeinsam an Bord dieses verbesserten Raumschiffes zu reisen.“

Die Crew der ‚Orion' hatte sich im Herzen ihres beeindruckenden Raumschiffes versammelt, und die Atmosphäre war von Aufregung und Erwatungen geladen. Sie standen vor den eindrucksvollen Upgrades und Verbesserungen, die die Vrill mit großer Expertise in das Raumschiff integriert hatten. Die Gesichter der Crewmitglieder spiegelten Staunen und Ehrfurcht wider, als sie die Ausmaße dieser technologischen Fortschritte betrachteten.

Am Eingang des Raumschiffes stand Kvasir, der gestrandete Vrill-Wissenschaftler, der herzlich von der Crew empfangen wurde. Sein Wissen über die Technologie und Entwicklungen der Vrill war von unschätzbarem Wert. Mit bescheidener Überlegenheit erklärte er den neugierigen Crewmitgliedern die verschiedenen Upgrades und ‚wie sie die kommende Reise verändern würden.

Kerstin, die erste Offizierin der ‚Orion', trat ebenfalls vor und betonte nicht nur die technischen Aspekte, sondern auch die menschliche Begeisterung, den Raum erfüllte. Mit einem Lächeln zeigte sie auf einen Bildschirm, der die neuen Energiesysteme des Raumschiffes darstellte. „Diese Fortschritte bedeuten nicht nur längere Reisen, sondern auch die Chance, bisher unerforschte Ecken des Universums zu erkunden. Ihr seid Teil eines historischen Moments in der Raumfahrtgeschichte!"

Die Crewmitglieder teilten begeistert ihre Eindrücke und Erwartungen. Charlotte war fasziniert von den neuen Antriebssystemen, während der Wissenschaftler John grübelte, wie die verbesserten Sensoren die Erforschung neuer Welten revolutionieren könnten. Sogar die Köche der ‚Orion', Marcello und Gino überlegten, wie sie die erweiterten Kücheneinrichtungen nutzen könnten, um die kulinarische Vielfalt für die Crew zu erweitern. Kapitän Lothar allerdings, stand ruhig im Hintergrund und beobachtete seine Crew, die sich vor Begeisterung über die neuen Ubgrades kaum halten konnten. „Diese Veränderungen werden unsere Missionen erfolgreicher machen und uns erlauben, noch

Köche Marcello und Gino

tiefer in das noch unbekannte Universum vorzudringen", sagte er mit einem stolzen Lächeln.

Die Atmosphäre an Bord der ‚Orion' war elektrisch geladen, während sich die Crew auf die bevorstehende Reise vorbereitete. Mit den Vrill, als wertvolle Verbündete, und den neuen Upgrades unter der Haube meinten sie, sich den Herausforderungen und Abenteuern des Universums stellen zu können. Es war der Beginn einer Reise voller Entdeckungen und bahnbrechender Erfahrungen.

Die neuen Kommunikationssysteme ermöglichten es der Besatzung, noch effektiver und zuverlässiger miteinander zu kommunizieren. Die verbesserte Reichweite und die Klarheit der Kommunikation erleichterte die Zusammenarbeit und den Informationsaustausch innerhalb des Raumschiffes. Dank der leistungsstarken Langstreckenscanner konnte die ‚Orion' noch tiefer ins Universum vordringen und noch weitere Welten erkunden.

Die hochentwickelte Sensorik ermöglichte es der Besatzung faszinierende Entdeckungen zu machen und wertvolle Daten über die unendlichen Weiten des Weltraums zu sammeln. Die Tarnvorrichtung war ein weiteres eindrucksvolles Upgrade, das es der ‚Orion' ermöglichte, sich noch effektiver zu verstecken und unerkannt zu bleiben. Diese Fähigkeit eröffnete neue Möglichkeiten für geheime Missionen und das Erforschen gefährlicher oder unbekannter Regionen. Der Einbau des Wurmlocherzeugers transformierte das Raumschiff in ein Fahrzeug, das immense kosmische Entfernungen in einem Bruchteil der sonst erforderlichen Zeit überwinden konnte. Dieses Gerät schuf Wurmlöcher, durch eine Art kosmischen Tunnel, der zwei weit entfernte Punkte im Raum miteinander verband. Durch diese Tunnel konnte die Besatzung der ‚Orion' blitzschnell reisen, wodurch sie in der Lage waren, ihre Bestimmungsorte im Universum mit beispielloser Geschwindigkeit und Effizienz zu erreichen. Die neue Antriebseinheit verbesserte sowohl die Geschwindigkeit als auch die Manövrierfähigkeit erheblich. Das Raumschiff konnte nun mit beeindruckender Agilität navigieren und Herausforderungen, wie Meteoritenschauer, im Weltraum meistern. Außerdem enthielten die Waffensysteme der ‚Orion' ebenfalls ein beachtliches Upgrade, durch die Expertise der Vrill. Die neuen Systeme waren hochentwickelt und leistungsstark, um die Sicherheit und Verteidigung des Raumschiffes zu gewährleisten. Die Vrill integrierten fortschrittliche Energiewaffen, die eine hohe Effektivität und Präzision aufwiesen. Diese Waffen konnten energiereiche Strahlen oder Projektile abfeuern, um potenzielle Bedrohungen abzuwehren oder feindliche Ziele zu neutralisieren.

Darüber hinaus wurden auch Verteidigungssysteme verstärkt, um die ‚Orion' besser vor Angriffen zu schützen. Schildgeneratoren erzeugten ein schützendes Energiefeld um das Raumschiff, das es vor feindlichem Beschuss und anderen Gefahren abschirmte.

Dieser Schutzschirm konnte auch während eines Kampfes aufrechterhalten werden, um die Sicherheit der Besatzung zu garantieren. Die Vrill brachten auch ihre Kenntnisse über Tarnvorrichtungen in die Waffensysteme mit ein. Dadurch konnte die ‚Orion' im Kampf unsichtbar bleiben oder feindliche Sensoren verwirren, was einen taktischen Vorteil verschaffte und Überraschungsmomente ermöglichte. Es war wichtig zu betonen, dass die Waffen der ‚Orion' primär zur Selbstverteidigung und zum Schutz der Besatzung eingesetzt wurden. Die Mission des Raumschiffes lag hauptsächlich in der Erforschung, Diplomatie und Zusammenarbeit mit anderen Spezies. Dennoch wurde das Upgrade der Waffensysteme als notwendige Vorsichtsmaßnahme betrachtet, um den möglichen Gefahren im Weltraum nicht schutzlos zu begegnen. Die Besatzung der ‚Orion' war verblüfft über die technologischen Weiterentwicklungen der Waffensysteme und betrachtete sie als ein wichtiges Instrument zur Sicherstellung der Gefahrenabwendung und die Integrität des Raumschiffes, während ihrer Missionen.

Gleichzeitig wurde jedoch stets darauf geachtet, dass der Schwerpunkt der Mission auf dem Frieden und der möglichen Zusammenarbeit lag. Insgesamt war die Crew schwer begeistert von den Upgrades und der technologischen Integration der Vrill. Die ‚Orion' war nun zu einem hochmodernen Forschungsschiff geworden. Nach Begutachtung des Raumschiffes ziehen sich Kapitän Lothar und seine Crew zu einem ausführlichen Briefing zurück. In diesem Briefing sitzt auch Kvasir, sowie auch mehrere erfahrene Techniker des Vrill Raumschiffes anwesend sind, um der Crew eine Schulung über die neuen Technologie zu geben.

Kapitän Lothar sprach zu seiner Crew gewandt: „Liebe Crew, bitte nehmt Platz. Das Upgrade der ‚Orion' hat uns alle überrascht, aber wir werden uns gemeinsam darauf einstellen. Kvasir und sein Techniker Team werden euch in den neuen Technologien schulen."

„Vielen Dank, Kapitän. Das Upgrade der ‚Orion' hat eine Reihe von neuen und fortschrittlichen Technologien mit sich gebracht. Um sicherzustellen, dass die gesamte Crew diese Technologie versteht und bedienen kann, werden wir nun eine angemessene Schulung durchführen.", antwortete Kvasir Lothar.

Kerstin ergriff das Wort und fragte: „Das klingt gut, Kvasir. Wie lange wird es dauern, bis wir vollständig mit den neuen Technologien vertraut sind?"

Kvasir: „Es ist schwierig, eine genaue Zeitangabe zu machen, Kerstin. Die Schulungen werden gründlich sein, damit wir sicher sein können, dass ihr alle Aspekte des Upgrades versteht. Demnach wird es von der Komplexität der Technologien und der individuellen Lernfähigkeit eurerseits abhängen. Wir werden jedoch so effizient wie möglich vorgehen."

Dr. Peter: „Gibt es spezielle Bereiche, auf die wir uns konzentrieren sollten?"

Kvasir: „Ja, sie werden verschiedene Schulungsprogramme haben, die sich auf die verschiedenen Aspekte des Upgrades konzentrieren. Dazu gehören unter anderem die Nutzung der neuen Navigationsinstrumente, die Bedienung der verbesserten Antriebstechnologie, sowie das Verständnis der erweiterten Kommunikationssysteme. Jedes Crewmitglied wird entsprechend seiner Rolle spezifische Schulungen erhalten."

Charlotte : „Wie werden die Schulungen durchgeführt? Werden wir sie während unseres Aufenthaltes auf der Rückseite des Mondes absolvieren?"

Kvasir: „.Wir werden praktische Übungen und Simulationen vor Ort durchführen, um zu verifizieren, dass sie in der Lage sind die Technologie effektiv nutzen können."

Kapitän Lothar: „Danke, Kvasir, für die Informationen. Es ist wichtig, dass wir uns alle auf die Schulungen einlassen und offen für neue Technologien sind. Ich vertraue darauf, dass unsere Crew diese Herausforderung meistern wird."

Das Briefing dient dazu, der Crew mitzuteilen, dass sie angemessen geschult wird, um die neuen Technologie des neuen Upgrades zu verstehen und bedienen zu können. Kvasir wird die Schulung leiten. Kapitän Lothar und seine Crew sind willens, die Zeit und Anstrengungen zu investieren, um das Beste aus den neuen Technologien herauszuholen.

Nach einem intensiven Monat Schulung auf dem Vrill Raumschiff haben alle Crewmitglieder ihre Schulungsprogramme erfolgreich abgeschlossen. Sie beherrschen nun nicht nur die theoretischen Kenntnisse, sondern haben auch praktische Flugübungen absolviert, bei denen sie ihre Fähigkeiten in der Anwendung der neuen Technologien unter Beweis gestellt haben. Dazu gehörte das Einschalten der Tarnvorrichtung, um das Raumschiff unsichtbar zu machen, sowie das Öffnen eines Wurmlochs, um schnelle Raum-Zeit-Reisen zu ermöglichen.

Kapitän Lothar: „Ich bin stolz auf euch, Crew! Ihr habt in diesem Monat harte Arbeit geleistet, um euch mit den neuen Technologien vertraut gemacht.

Das gibt uns die Gewissheit, dass wir nun endlich bereit sind, die ‚Orion' auf ihrer nächsten Reise erfolgreich zu führen."

Kerstin: „Die praktischen Flugübungen haben uns gezeigt, wie gut die Crew mit den neuen Systemen zurechtkommt. Die Tarnvorrichtung funktioniert einwandfrei, und das Öffnen des Wurmlochs verlief ohne Probleme. Es ist erstaunlich, wie weit wir gekommen sind."

Charlotte: „Die Schulung hat auch gezeigt, wie effizient und leistungsstark die aktualisierten Systeme der ‚Orion' sind. Ich bin zuversichtlich, dass sie nun besser ausgestattet ist, als sonst ein Raumschiff, um den Herausforderungen des Weltraums zu begegnen."

John: „Es war eine intensive Zeit, aber es hat sich gelohnt. Die neuen Fähigkeiten, die ich durch die Schulung erworben

Charlotte

haben, werden unsere Missionen sicherlich zuträglich sein und uns neue Möglichkeiten eröffnen."

Es ist großartig zu hören, dass auch die beiden neuen Crewmitglieder, unsere zwei Köche und Helfer in die Schulung einbezogen wurden und weiter an den Replikatoren ausgebildet wurden. Die Replikatoren sind fortschrittliche Geräte, die es ermöglichen, verschiedene Gegenstände und Lebensmittel zu reproduzieren.

Kapitän Lothar: „Ein herzliches Willkommen an unser neuen Crewmitglieder! Es freut mich zu hören, dass auch ihr die Schulung erfolgreich absolviert habt und nun in der Lage seid, die Replikatoren zu bedienen."

Chef Koch Marcello: „Vielen Dank, Kapitän. Wir haben viel über die Funktionsweise der Replikatoren gelernt und wissen nun, wie Sie die besten Mahlzeiten für die Crew zaubern können. Die Möglichkeiten sind wirklich unvorstellbar!."

Koch Gino : „Ja, die Schulung haben mir gezeigt, wie all die Replikatoren effizient genutzt werden können, um nicht nur

Mahlzeiten, sondern auch andere Gegenstände für den täglichen Gebrauch herzustellen. Es wird uns sicher helfen, die Bedürfnisse der Crew besser zu erfüllen."

Kapitän Lothar: „Fantastisch! Ich bin sicher, dass eure kulinarischen Fähigkeiten und ihr durch die Hilfe der Replikatoren einen großen Beitrag zum Wohlbefinden der Crew leisten werdet. Essen ist eine wichtige Quelle des Zusammenhalts und der Motivation in schwierigen Situationen."

Kerstin: „Ich freue mich schon auf die köstlichen Mahlzeiten, die ihr für uns zaubern werdet. Es ist großartig zu wissen, dass wir auf unsere Köche und Helfer zählen könnenund darauf, dass sie mit gesundem und schmackhaftem Essen unsere Reise versüßen."

Die Schulungen und die Ausbildung an den Replikatoren haben sicherlich das Team der Köche und Helfer befähigt, ihre Aufgaben auf der ‚Orion' effektiv zu erfüllen. Die Crew kann sich darauf freuen, von ihnen mit köstlichen Mahlzeiten verwöhnt zu werden, während die Replikatoren unentbehrlich sind, um die Erfüllung ihrer Bedürfnisse zu erfüllen.

Kapitän Lothar: „Jetzt, da die Schulung erfolgreich abgeschlossen ist, können wir mit Zuversicht die nächste Phase der Reise antreten."

Die Crew der ‚Orion' beherrscht nun, durch die intensiven Schulung, die Bedienung der Tarnvorrichtung und das öffnen von Wurmlöchern, um ihr Ziel effizient zu erreichen. Kapitän Lothar und seine Crew freuen sich darauf, ihre neuen Fähigkeiten bei den kommenden Missionen einzusetzen. Nach der intensiven Schulung und Dank der Unterstützung ihrer Vrill-Freunde, die das Raumschiff aufgerüstet hatten, brach der Moment des Abschieds von ihnen und dem viel geschätzten Begleiter Kvasir an. Zu diesem Anlass wurde eine Abschiedsfeier arrangiert, die eine beeindruckende futuristische Atmosphäre ausstrahlte.

Der Veranstaltungsort war mit schimmernden Lichtern und holografischen Projektionen geschmückt, die den Raum mit lebendigen Farben und Formen erfüllten. In einem futuristisch gestalteten Saal versammelten sich die Crewmitglieder der ‚Orion' und die Vrill, um gemeinsam diesen bedeutsamen Moment zu feiern.

Kvasir stand vor der versammelten Menge und nutzte holographische Technologie, um seine Gedanken und Gefühle direkt zu teilen. Er sprach von der tiefen Vertrautheit, die er während seiner Zeit mit der Orion-Crew und der Menschen gespürt hatte, und wie sehr er von ihrem Eifer und ihren Visionen beeindruckt war. Seine Worte schienen durch Raum und Zeit zu schweben, und die Anwesenden hörten gebannt zu. Die Vrill-Freunde hatten eine Darbietung vorbereitet, bei der sie ihre fortschrittlichen Fähigkeiten und Technologien zur Schau stellten. Holographische Welten entfalteten sich vor den Augen der Zuschauer, während sie auf virtuelle Entdeckungsreisen durch ferne Galaxien und unbekannte Dimensionen geschickt wurden.

Als Kapitän Lothar auf das Podium trat, richtete er seine Worte an alle Anwesenden und ganz speziell an seinen außerirdischen Freund Kvasir. „Die Zusammenarbeit mit Kvasir hat eine neue Ära in der Geschichte unserer beiden Zivilisationen eingeläutet," begann er. „Seine unermüdliche Hingabe hat entscheidend dazu beigetragen, die Verbindung zwischen den Vrill und der Menschheit zu stärken und zu manifestieren."

„Kvasirs Einsatz ging weit über den Austausch von Wissen und Technologie hinaus. Er hat uns geholfen, eine Brücke zwischen euer Kultur zu bauen, die auf gegenseitigem Verständnis und Respekt basiert. Durch ihn haben wir nicht nur Einblicke in die fortgeschrittenen Technologien der Vrill gewonnen, sondern auch ihre tiefgründige Philosophie und Ethik kennengelernt. Es hat sich gezeigt, dass unsere Unterschiede eine Quelle der Stärke und Bereicherung sein können."

Kapitän Lothar sprach weiter über die Bedeutung dieser wachsenden Verbindung: „Durch unsere gemeinsamen Bemühungen haben wir nicht nur die technologischen Grenzen überwunden, sondern auch einen Dialog etabliert, der auf gegenseitigem Lernen und Wachstum beruht. Kvasir hat uns gelehrt, dass die wahre Stärke in der Vielfalt und der Fähigkeit liegt, voneinander zu lernen und zusammenzuarbeiten."

Mit einem warmen Lächeln nahm Kapitän Lothar ein speziell für Kvasir angefertigtes Artefakt und hielt es ihm entgegen. „Dieses Artefakt, das eigens für dich, Kvasir, geschaffen wurde, symbolisiert unsere tiefe Dankbarkeit und unser Engagement, die Beziehung zwischen unseren Völkern zu stärken. Es steht für die gemeinsamen Werte und Hoffnungen, die uns verbinden, und für die Vision einer Zukunft, in der unsere Zivilisationen als gleichberechtigte und respektvolle Partner kooperieren können."

Die Übergabe des Artefakts an Kvasir war ein vielsagender Akt, der die wachsende Freundschaft und das gemeinsame Engagement der beiden Völker symbolisierte. Die anwesende Crew beobachtete diesen Moment mit einem Gefühl des Stolzes und der Zuversicht, Zeugen einer wichtigen Entwicklung in der Beziehung zwischen Mensch und Vrill zu sein. Das Artefakt selbst war eine wahre Meisterleistung kunstvoller Handwerkskunst. Es bestand aus einer kunstvoll gefertigten Glaskugel, in der sich ein Miniaturmodell der Erde befand. Die Details waren erstaunlich präzise aufgezeichnet. Sie erstreckte sich von den penibel genau gezeigten Kontinenten bis zu den Ozeanen. Das Glas schimmerte in verschiedenen Farben, die den Planeten bei verschiedenen Tageszeiten darstellen sollten. Es war ein Geschenk, das nicht nur die Schönheit der Erde repräsentierte, sondern auch die gemeinsame Reise von Mensch und Vrill durch das Universum symbolisierte.

Nach der bewegenden Ansprache und der Übergabe des Artefakts, begaben sich Kapitän Lothar und Kerstin gemeinsam auf die Tanzfläche. Die beiden wirbelten über das futuristische Bankett, begleitet von pulsierender Musik und den leuchtenden Farben der holografischen Dekorationen.

Inmitten des Tanzes richtete Kerstin ein Lächeln an Kvasir, der ebenfalls enthusiastisch tanzte. „Ich wusste gar nicht," sagte sie mit einem Augenzwinkern, „dass ihr so toll feiern könnt." Es war ein Abend voller Freude und Feierlichkeit, der die Zusammenführung zwischen den Welten zelebrierte.

Kvasir lächelte zurück und hielt kurz in seiner wirbelnden Bewegung inne. „Die Vrill sind vielleicht Meister der Technologie und des Wissens", begann er, „aber auch wir verstehen es zu Feiern und gemeinsame Momente zu teilen. Es ist eine universelle Sprache der Verbundenheit und des Glücks."

Der Tanz setzte sich fort, begleitet von fröhlichem Gelächter und der harmonischen Atmosphäre des Banketts. Die pulsierende Energie der Feier brachte den Raum zum Beben und verband die Menschen und Vrill auf eine Weise, die über technologische Grenzen hinausreichte.

„Es ist ein Privileg, diese Momente mit euch teilen zu können", fuhr Kvasir fort, während er die Bewegungen des Tanzes genoss. „Genauso wie wir von euren Erlebnissen auf der Erde lernen, lernen wir auch, Freude und Feierlichkeiten zu schätzen. Es ist ein Austausch von Kultur und Herzlichkeit, der unsere Beziehung stärkt."

Kerstin und Lothar lächelten Kvasir dankbar zu. Die Musik erreichte ihren Höhepunkt, und die Tanzfläche pulsierte vor Leben. In diesem Moment der Freude und des Miteinanders erkannten sie, dass diese einzigartige Verbindung zwischen Menschen und Vrill nicht nur auf Wissen und Technologie beruhte, sondern auch auf den universellen Werten von Freundschaft, Zusammenarbeit und der Freude am Leben. Und so tanzten sie weiter, vereint in diesem futuristischen Bankett der Zukunft, das nicht nur kulinarische Köstlichkeiten, sondern auch unvergessliche Erinnerungen und tiefe Bindungen zwischen den Spezies bot, die nun gemeinsam eine vielversprechende Reise durch die Sterne antraten. Die Vrill waren von der aufrichtigen Freundlichkeit und Umgänglichkeit der Menschen erstaunt. In den Gesprächen und Begegnungen blühten Freundschaften auf, die über die Grenzen von Raum und Zeit hinausreichten.

Es war nicht nur der Austausch von Wissen und Erfahrungen, der sie verband, sondern auch das Gefühl der Gemeinschaft und des Vertrauens. Und ja, sogar zwischen den Spezies entstanden zarte Bande der Zuneigung. Charlotte, unsere Navigationsoffizierin der Orion-Crew, fand sich in einer charmanten kleinen Liebelei mit unseren Vrill-Botschafter Arinthus wieder. Ihre gemeinsamen Blicke und das schelmische Lächeln, das sie austauschten, verrieten eine Verbindung, die über Sprache und Kultur hinausging. Es war ein Zeichen dafür, dass selbst in den Weiten des Weltraums die Magie der menschlichen und außerirdischen Herzen nicht zu übersehen war. Während das Bankett der Zukunft in vollem Gange war, wurde deutlich, dass diese Begegnung nicht nur eine Allianz zwischen Vrill und Menschen symbolisierte, sondern auch eine hoffnungsvolle Vision für die Zukunft des Universums. Eine Zukunft, in der Zusammenarbeit, Freundschaft und Liebe über Grenzen und Unterschiede hinweggingen und eine Ära des Friedens und des Fortschritts einläuteten. Während die futuristische Abschiedsfeier in vollem Gange war, ließ sich der Gedanke an den Aufbruch nicht völlig vertreiben.

Doch obgleich sich die Wege vorerst trennten, war die gemeinsame Zukunft von Menschheit und Vrill so vielversprechend, wie die immerwährende Schönheit der funkelnden Sterne des Universums. Außerdem würde die fortwährende Zusammenarbeit und der innovative Austausch die Grundlage für eine strahlende Ära des Fortschritts und der Entdeckung bilden, die beide Spezies auf einzigartige Weise miteinander verknüpfte.

Als unsere Zeit auf dem majestätischen Vrill-Raumschiff zu Ende ging, drückten sie ihre aufrichtige Dankbarkeit für ihre unermüdliche Hilfe aus und ermutigten sie, sich bei Bedarf an sie zu wenden. Es würde eine Verbindung sein, die über die Grenzen ihrer Welten hinausreichte. Kvasir erzählte der Crew vor seiner Verabschiedung eine Geschichte, die er bis dahin für sich behalten hatte. Zuvor suchte er, in der unendlichen Dunkelheit des Weltraumes, nach den Geheimnissen des Universums. Sein Raumschiff durchstreifte die Galaxien, kartographierte Sterne und Planeten, studierte fremdartige Lebensformen und enthüllte die Mysterien des Kosmos. Doch seine Reise war weit mehr als eine wissenschaftliche Expedition – sie war eine Reise des Wissensdurstes und der Entdeckung. In einer fernen Ära, als die Vrill-Kultur gerade erst ihre ersten Schritte in Richtung Sterne unternahm, brach Kvasir auf, um die Tiefen des Universums zu erkunden. Mit modernster Technologie ausgestattet, begab er sich auf die Suche nach den kostbaren Vrill Mineralen, die für sein Volk von einschneidender Bedeutung waren. Diese Mineralien versprachen nicht nur Energie, sondern auch bahnbrechende technologische Fortschritte. Während seiner langen Reisen besuchte Kvasir viele erstaunliche Orte. Doch eines Tages, als er die Erde und ihren Mond erkundete, stieß er auf etwas, das alles übertraf, was er je gesehen hatte. Das Vrill Mineral auf der Erde war von einer Reinheit und einem Aufbau, das alles bisher Dagewesene übertraf. Es hatte das Potenzial, unvorstellbare Mengen an Energie zu liefern und die Vrill-Kultur auf einen neuen Höhepunkt zu heben. Doch das Schicksal sollte einen anderen Weg für Kvasir bereithalten. Ein tragischer Unfall führte dazu, dass sein Raumschiff auf der Erde abstürzte, und er, in einer fremden Welt, von freundlichen Menschen aufgenommen wurde. Kvasir überreichte Kapitän Lothar ein außergewöhnliches Geschenk, das die Früchte seiner Jahrzehntelangen Forschungsreisen durch das Universum repräsentierte. Es handelte sich um eine schlanke, futuristisch anmutende Datenspeichereinheit, die mit holographischen Symbolen und Mustern verziert war. Diese Einheit enthielt die gesammelten Informationen, Aufzeichnungen und Daten, die Kvasir während seiner Erkundungen über ferne Galaxien, exotische Lebensformen und erstaunliche Phänomene hinweg gesammelt hatte.

Die Datenspeichereinheit selbst, schien fast lebendig zu sein, sobald sie im Licht funkelte. Sie trug den Stempel von Kvasirs unermüdlichem Streben nach Wissen und Erkenntnis. Dieses Geschenk war weit mehr als nur eine physische Gabe; es war ein Tor zu den Geheimnissen des Universums, ein Schatz an Wissen und eine Einladung, die Grenzen der menschlichen Vorstellungskraft zu übersteigen. Besonders faszinierend war die Tatsache, dass selbst die Vrill, für die Kvasir Jahrzehnte lang geforscht hatte, keine Kenntnis von diesen Daten hatten. Es handelte sich um ein wahrhaft einzigartiges Geschenk, das nicht nur die Menschheit, sondern auch die gesamte Galaxie in Staunen versetzen würde. Dies war der Beginn einer neuen Ära der Zusammenarbeit zwischen den Vrill und der Menschheit. Das Vrill Mineral der Erde versprach nicht nur eine unerschöpfliche Energiequelle, sondern auch die Chance, Wissen und Technologie zu teilen, um gemeinsam eine bessere Zukunft für beide Welten zu gestalten. Und so begann eine aufregende Reise in die unendlichen Weiten des Universums, angeführt von einem Vrill-Forscher, der nie aufhörte, nach den Geheimnissen des Kosmos zu suchen. Der Vrill-Botschafter, Arinthus, war besonders angetan von Charlotte, unserer talentierten Navigationsoffizierin, und überreichte ihr zum Abschied ein außergewöhnliches Geschenk.

Es war eine holographische Sternenkarte, die die unendlichen Weiten des Universums zeigte, und einen winzigen Sender, der aktiviert werden konnte, um Arinthus zu kontaktieren, wenn sie sich im Vrill-Territorium befand. Diese Geste offenbarte nicht nur seine Wertschätzung, sondern auch die tiefe Verbindung, die zwischen ihren beiden Spezies entstanden war. Charlotte, überwältigt von dieser bewegenden Geste, nahm das Geschenk mit einem strahlenden Lächeln an. Es war mehr als nur ein materielles Objekt; es war ein Symbol für die grenzenlose Möglichkeit der Verbindung zwischen Mensch und Vrill.

Während sie den Sender in den Händen hielt und die holographische Sternenkarte betrachtete, entstanden in ihrem Geist vielfältige Vorstellungen von Abenteuern, Entdeckungen und neuen Freundschaften. Die Aussicht, in den unerforschten Welten des Universums zu wandern, ließ ihr Herz höherschlagen. Mit diesen aufregenden Aussichten im Herzen, verabschiedeten sie sich von ihren außerirdischen Freunden und machten sich auf den Weg zurück zur Mondbasis. Die Vorfreude auf kommende Abenteuer und die damit verbundenen Entdeckungen, begleitete uns auf unsere Reise, und sie alle wussten, dass dies erst der Start einer endlosen Reise durch die Sterne war. Als sie auf der anderen Seite des Mondes ankamen, an dem sich die Mondbasis befand, wurden sie von dem legendären Mond_-Team und deren Kommandant herzlich empfangen. Sie waren neugierig und hatten viele Fragen, da sie wissen wollten, welche Erfahrungen sie auf der abgewandten Seite des Mondes gemacht hatten.

Charlotte

KAPITEL 10

STILLE UND WIEDERKEHR – DIE ORION-CREW KEHRT ZURÜCK –

Die Stille auf der Rückseite des Mondes hatte etwas Beunruhigendes an sich. Dort gab es keine Signale, keine Kommunikation zur Mondbasis, und die Crew der ‚Orion' hatte für einen Moment das Gefühl, von der Außenwelt abgeschnitten zu sein. Aber das war der Orion-Crew von Anfang an bewusst gewesen, denn sie hatten dafür trainiert.

In dieser Stille auf der Rückseite des Mondes begannen sich Sorgen in den Köpfen der Mond-Basis-Crew breit zu machen. Die Ungewissheit darüber, was die Crew der ‚Orion' auf der abgewandten Seite des Mondes erwarten würde, hatte ihre Gedanken bestimmt und Ängste geschürt.

Nachdem die ‚Orion' wieder auf der hellen Seite des Mondes gelandet war, dort, wo sich die Mondbasis befand, wurde die Orion-Crew von dem gesamten Mondbasis-Team und dem Kommandanten herzlich empfangen. Die Freude über ihre sichere Rückkehr, nach über einem Monat der Sorge und der fehlenden Kommunikation, war offensichtlich. Die Mitglieder der Mondbasis-Crew waren neugierig und voller Fragen, da sie unbedingt erfahren wollten, welche außergewöhnlichen Erfahrungen wir auf der abgewandten Seite des Mondes gemacht hatten. Wir berichteten von ihren Abenteuern und den erstaunlichen Fortschritten, die wir dank der Hilfe, der Vrill-Freunde und des Upgrades ihres Raumschiffes, gemacht hatten. Sie teilten auch die Informationen über die fernen Galaxien und die spannenden Möglichkeiten, die uns dort erwarten könnten. Das Mond-Team hörte gespannt zu und war fasziniert von ihren Erzählungen. Sie waren beeindruckt von den Technologien und Entdeckungen, die wir auf ihrer Reise gemacht hatten. Nachdem sie ihre Geschichten den Mitarbeitern der Mondbasis mitgeteilt hatten, wurde das ‚Blutkreuz Korbs' über die Übergabe von Kvasir informiert. Wir waren dankbar für die Zeit, die wir mit Kvasir verbringen durften, und wussten, dass er in den Händen der Vrill gut aufgehoben war. Gleichzeitig begannen wir gemeinsam mit dem Mondbasis-Team Pläne für zukünftige Expeditionen und Erkundungen zu schmieden. Die Erfahrungen auf der anderen Seite des Mondes hatte ihren Wissensdurst nur noch weiter entfacht, und wir waren bereit, gemeinsam neue Welten zu erforschen und noch mehr Geheimnisse des Universums zu enthüllen.

Allerdings waren wir uns bewusst, dass wir das OK vom ‚Blutkreuz Korbs' benötigten, um eigenständig Initiative zu ergreifen. Kapitän Lothar und seine Crew hofften darauf, dass das ‚Blutkreuz Korbs' die Crew mit der gleichen Begeisterung und Ehrgeiz unterstützen würden, sodass sie ihre Entdeckungsreise fortzusetzen konnten. Es war ein Moment der Spannung und Hoffnung, während sie auf eine positive Rückmeldung und die Möglichkeit, ihr eigenes Abenteuer mit der ‚Orion' zu gestalten, warteten. Nachdem sie ihre Erlebnisse auf der Mondbasis ausgetauscht hatten, überraschte sie das Team beim gemeinsamen Abendessen mit einer phantastischen Neuigkeit:

Kerstin enthüllte, dass sie ein Replikator-Teil eingepackt hatten. Die Gesichter des Mond-Teams erstrahlten vor Freude und ihre ausgelassene Begeisterung kannte keine Grenzen.

„Dieser Replikator", erklärte Kerstin: „wird euch die Möglichkeit bieten, eine breite Palette von Gegenständen und Materialien direkt vor Ort zu replizieren, ohne auf Nachschub von der Erde angewiesen zu sein! Von Werkzeugen und Ersatzteilen, bis hin zu Nahrungsmitteln und anderen lebenswichtigen Ressourcen" Der Replikator werde ihre Arbeit auf der Mondbasis erheblich erleichtern. Das Mond-Team bedankte sich überschwänglich, mit beinahe tränenden Augen, über Kerstins freudige Nachricht und konnte es kaum erwarten, den Replikator am nächsten Morgen mit ihrer Hilfe zu installieren und in Betrieb zu nehmen. Kerstin fuhr fort:

„Die Replikatoren wurden von den Wissenschaftlern der Vrill erschaffen, und wir nutzen sie, um eine autarke Existenz auf dem Mond zu ermöglichen. Einer der faszinierendsten Aspekte dieser bahnbrechenden Technologie ist, die Art und Weise, wie sie mit Energie und Materie umgeht. Anstatt auf traditionelle Ressourcen angewiesen zu sein, haben die Wissenschaftler einen innovativen Ansatz entwickelt.“ Sie pausierte kurz, um an ihrem Kaffee zu nippen und fuhr dann fort: „Die Replikatoren werden mit einer speziell entwickelten Mischung aus recycelten Materialien und energiereichen Substanzen gefüttert. Diese Mischung ermöglicht es den Replikatoren eine breite Palette von Gegenständen und Materialien zu erzeugen. Ein Hauptbestandteil der Fütterung ist ein hochkonzentrierter Energiespeicher, der die notwendige Energie für die Reproduktion der gewünschten Objekte bereitstellt.“ Sie blickte kurz in die Runde, um alle Blicke einzufangen, kurz durchzuatmen und dann weiter zu erklären: „Ein weiterer Schlüsselbestandteil der Fütterung ist eine spezielle Mischung aus mineralen Verbindungen und organischen Komponenten. Diese Mischung liefert die erforderlichen Grundbausteine, um eine Vielzahl von Materialien und Substanzen zu replizieren. Dabei werden die Moleküle auf atomarer Ebene neu angeordnet, um die gewünschten Gegenstände zu formen. Was allerdings die Nahrungsmittelproduktion betrifft, verwenden die Replikatoren einen besonderen Ansatz. Sie verwenden genetische Sequenzen von verschiedenen Nahrungsmitteln als Vorlagen und synthetisieren dann die benötigten Nährstoffe und Moleküle, um die gewünschten Lebensmittel herzustellen. Dies ermöglicht der Mondbesatzung, eine ausgewogene und abwechslungsreiche Ernährung zu führen, ohne auf den Import von Lebensmitteln der Erde angewiesen zu sein.“ Als die Besatzung das hörte jubelten sie, bis Kerstin sie darin unterbrach, um noch etwas hinzuzufügen. Es wurde sofort still im Raum und alle Blicke waren fixiert auf Kerstin, die einen langen Schluck Kaffee nahm und dann den letzten Punkt zuende sprach: „Dennoch ist die Fütterung der Replikatoren insgesamt eine hochkomplexe und innovative Technologie, die der Mondbesatzung nachhaltig und effizient ermöglicht, eine Vielzahl von Materialien und Ressourcen zu replizieren, solange sie korrekt verwendet wird."

Die energiereiche Substanz, die zur Fütterung der Replikatoren auf der Mondbasis verwendet wurde, hatte eine bemerkenswerte Quelle: den Vrill Kristall. Dieses außergewöhnliche Mineral wurde auf dem Mond entdeckt und enthielt eine einzigartige Energieform, die von den Wissenschaftlern der Basis erforscht und genutzt wurde.

Der Vrill Kristall erwies sich von Natur aus als die ideale Energiequelle für die Replikatoren. Nach gezielter Verarbeitung und Extraktion konnten die Wissenschaftler die Energie in eine Form umwandeln, die von den Replikatoren genutzt werden konnte. Diese spezielle Energieform ermöglichte es den Replikatoren, die erforderliche Energie für die Umstrukturierung von Molekülen und die Erschaffung unterschiedlicher Gegenstände, bereitzustellen.

Die Verwendung des Vrill Kristalls als Energiequelle für die Replikatoren war nicht nur effizient, sondern auch nachhaltig, da der Kristall auf dem Mond selbst vorhanden war. Die Mondbesatzung war weniger auf den Import von Ressourcen von der Erde angewiesen, was sie unabhängig und nachhaltig machte.

Wir führten die Mond-Crew in die Funktionsweise des Replikators ein und vermittelten ihnen das erforderliche Wissen, sodass er ihnen effektiv nutzen zu konnte. Dabei erklärten wir die verschiedenen Einstellungen und Optionen, zeigten praktische Anwendungen und demonstrierten die korrekte Handhabung.

Nach intensiver Schulung auf der Mondbasis haben alle Crewmitglieder ihre Schulungsprogramme erfolgreich abgeschlossen. Dadurch sind sie nun nicht nur theoretisch, sondern auch praktisch, versiert im Umgang mit dem Replikator. Dadurch konnten sie die Vorteile dieser bahnbrechenden Technologie bestmöglich zu nutzen.

Dank ihrer engagierten Teilnahme an den Schulungen und ihrem Eifer, das Wissen in die Praxis umzusetzen, beherrschten sie die Bedienung der Replikatoren recht schnell souverän. Sie haben gelernt, wie sie die Maschinen richtig programmieren, welche Materialien sie auswählen können und, wie sie die replizierten Objekte effizient nutzten.

So wurde der Vrill Kristall zu einem Schlüsselteil, der Technologie auf der Mondbasis, insbesondere für die Replikatoren, die durch seine energetische Kraft dazu beitrugen, das autarke Leben und den Erfolg der Mission zu gewährleisten.

Während sie voller Erwartung noch immer auf die Antwort vom ‚Blutkreuz Korbs' warteten, hatten sie dem ‚Blutkreuz Korbs' weitere detaillierte Informationen über einen erdähnlichen Planeten übermittelt, der für eine potenzielle Besiedelung infrage kam.

Wir hatten auch die Frage gestellt, ob das Blutkreuz Korbs bereit wäre, 30 hoch qualifizierte junge Menschen von der Erde zu rekrutieren, die sich diesem Abenteuer anschließen würden.

Wir waren uns bewusst, dass eine erfolgreiche Besiedelung solch eines Planeten gut ausgebildete und kompetente Menschen erforderte.

Daher legten wir großen Wert darauf, dass die ausgewählten Kandidaten über eine hohe Qualifikation, einschlägige Kenntnisse und Erfahrungen verfügten, um die Herausforderungen einer solchen Mission bewältigen zu können.

Die Auswahl der jungen Menschen sollte sicherstellen, dass ein breites Spektrum an Fachkenntnissen abgedeckt wurde, einschließlich Wissenschaft, Technik, Medizin, Landwirtschaft und weiteren relevanten Bereichen.

Die Idee war, eine vielseitige und talentierte Besatzung zusammenzustellen, die in der Lage war, die Anforderungen der Besiedelung zu erfüllen. Und außerdem eine nachhaltige Gemeinschaft auf dem neuen Planeten aufbauen könnten.

Während wir darauf warteten, dass das ‚Blutkreuz Korbs‘ die Entscheidung traf, setzten wir unsere Vorbereitungen fort und arbeiteten eng mit der Mond-Crew zusammen.

Wir waren voller Vorfreude über die Möglichkeit, in naher Zukunft in die Tiefen des Weltraums aufzubrechen und ein neues Kapitel in der Geschichte der Menschheit zu schreiben.

Endlich erreichten die heiß ersehnten Nachrichten vom ‚Blutkreuz Korbs‘ die Mondbasis. Ihre Entscheidung, dreißig hochqualifizierte und motivierte Menschen auf der Erde auszuwählen, um zunächst auf dem Mond Erfahrungen zu sammeln und die Mission zu unterstützen, damit sie möglicherweise in Kürze auf einen erdähnlichen Planeten gebracht werden konnten, war genehmigt worden und war wie ein Lichtblick in unserer Mission.

Diese Auserwählten würden nicht nur als Pioniere auf den Mond gehen, sondern auch als Vorreiter für die Zukunft der Raumfahrt und der menschlichen Besiedlung im Weltraum, dienen. Sie würden nicht nur unser Wissen erweitern, sondern auch als Brücke zwischen der Erde und den unendlichen Weiten des Universums fungieren.

Die Genehmigung war ein Augenblick, der die Menschheit einen Schritt näher an die Sterne brachte.

Diese Entscheidung unterstreichte das Vertrauen und die Zuversicht, die das ‚Blutkreuz Korbs‘ in die Crew und ihre Mission setzte.

Die ausgewählten Personen waren nicht nur fachlich qualifiziert, sondern auch bereit, sich den Herausforderungen und Chancen zu stellen, die eine solche Besiedelung mit sich bringt.

Kapitän Lothar verkündete in einer Ansprache: „Meine lieben Freunde, ich habe eine wichtige Ankündigung zu machen. Nach reiflicher Überlegung und Rücksprache mit dem ‚Blutkreuz Korbs‘ haben wir beschlossen, vorübergehend zur Erde zurückzukehren. Es gibt bestimmte Angelegenheiten, die wir dort regeln müssen, bevor wir unsere Mission fortsetzen können. Aber ich versichere euch, wir werden zurückkehren und unser Abenteuer weiterführen.“

Kommandant Michael der Mondbasis antwortete: „Das ist eine vernünftige Entscheidung, Kapitän. Auch auf der Mondbasis gibt es einige Vorbereitungen, die getroffen werden müssen, um sicherzustellen, dass alles reibungslos weitergeführt werden kann, wenn wir zurückkehren. Wir werden eng mit der ‚Orion' Crew zusammenarbeiten, um unsere Kräfte zu bündeln und unsere Ziele zu erreichen."

Kapitel 11

Der Aufbruch der ‚Orion' – Heimreise mit Tarnung –

Am nächsten Morgen war es soweit - wir verabschiedeten uns von der Mond-Crew und starteten mit unserem neu aufgerüsteten Raumschiff ‚Orion-Himmelsjäger' in Richtung Heimat. Die Tarnvorrichtung wurde aktiviert, und wir verschwanden aus dem Sichtfeld der Mondbewohner, während wir uns auf den Weg zur Erde machten.

„Es ist unglaublich", sagte Kerstin zu Kapitän Lothar, als sie gemeinsam durch die großen Panoramafenster des Raumschiffes blickten und die Erde unter ihnen vorbeiziehen sahen. „Wer hätte gedacht, dass wir einmal in einem solchen Himmelsjäger unterwegs sein würden? Und diese Tarnvorrichtung… einfach beeindruckend."

Kapitän Lothar lächelte zustimmend. „Ja, Kerstin, es ist wirklich bemerkenswert, was wir in dieser kurzen Zeit alles erreicht haben. Unsere Zusammenarbeit mit den Vrill hat unser Raumschiff auf ein völlig neues Level gebracht. Und diese Reise ist erst der Anfang."

Während sie die Reise genossen, begannen sie, Pläne für die Zukunft zu schmieden. „Ich frage mich, was uns als Nächstes erwartet", sagte Kerstin nachdenklich. „Kvasir hat uns so viele Möglichkeiten eröffnet. Wer weiß, welche Abenteuer noch auf uns warten."

Kapitän Lothar lächelte zustimmend und legte sanft eine Hand auf Kerstins Schulter. „Genau, Kerstin. Wir haben das Universum noch vor uns. Neue Welten, neue Entdeckungen und vielleicht sogar neue Freunde. Und das alles, während wir unsere eigene Welt immer besser verstehen und schützen." Ein warmes Lächeln breitete sich auf seinem Gesicht aus.

„Ich liebe dich so sehr, Kerstin. Ich bin so froh, dass ich diese wundervollen Abenteuer mit dir bestreiten darf."

Kerstin erwiderte sein Lächeln und schaute ihm tief in die Augen. „Ich auch, Lothar. Ich kann mir niemanden an meiner Seite vorstellen, mit dem ich lieber diese unglaublichen Reisen unternehmen würde. Du bist meine Stärke und mein Kompass, in dieser faszinierenden, manchmal auch beängstigenden Welt."

Während sie sich gegenseitig in die Augen sahen, spiegelte sich in ihren Blicken die tiefe Verbundenheit und das Vertrauen wider, das sie füreinander empfanden. Die Reise verlief spannend und abenteuerlich, und die Crew der ‚Orion' genoss jede Minute ihres Fluges. Die Tarnvorrichtung funktionierte perfekt.

Während ihrer Rückkehr zur Toskana, informierte Kerstin ihren Vater, Professor Schimazeck, über die Pläne und die bevorstehende Landung. Als Mitglied und Mitbegründer des ‚Blutkreuz Korbs' war er tief in ihre Mission involviert und unterstützte uns auf vielfältige Weise.

Professor Schimazeck, ein erfahrener Archäologe, Wissenschaftler, Geologe und talentierter Taktiker war bereits über ihre Absichten informiert und hatte alles vorbereitet, um die Ankunft auf dem Anwesen der Familie diskret zu halten. Er verstand die Wichtigkeit der Geheimhaltung und vertraute darauf, dass sie ihre Landung unauffällig gestalten würden.

Während wir uns der Toskana näherten, erfolgte unsere Landung präzise und unauffällig. Unser Raumschiff schwebte geräuschlos über dem Anwesen meiner Eltern, während spezielle Landelichter um die Landestelle herum platziert waren. Die Nacht war ruhig und der Ort schien wie verzaubert.

Vor der Landung auf dem weitläufigen Anwesen deaktivierten wir den Tarnmodus und wurden für alle sichtbar. Es war ein beeindruckender Augenblick, als wir plötzlich vor den Augen meines Vaters, meiner Familie und aller Anwesenden auftauchten.

Mein Vater, Professor Schimazeck, war sprachlos und staunte über die fortschrittliche Technologie, die er noch nie zuvor gesehen hatte.

Er trat näher und betrachtete fasziniert das Raumschiff mit der Tarnvorrichtung, das uns zuvor unsichtbar gemacht hatte. Er konnte kaum glauben, dass wir diese Technologie besaßen und sie erfolgreich angewendet hatten.

Als wir aus dem Raumschiff Orion stiegen, wurden wir alle herzlich empfangen. Meine Eltern standen am Landeplatz und umarmten uns herzlich.

Keine große Menschenmenge war anwesend, nur einige enge Familienmitglieder und vertraute Freunde, Baron Leopold von Thaler, seine hübsche Tochter Sigrid und unsere Bediensteten hatten sich versammelt.

Mein Vater, von Natur aus neugierig, kam auf uns zu und begann sofort mit Fragen: „Ihr beiden Abenteurer, was zum Teufel ist mit dem Raumschiff passiert?“ Neugierig begab er sich zum Raumschiff, um es genauer zu untersuchen.

Kerstin und Lothar ließen ihren Vater vorerst im Unklaren und sagten: „PAPA, wir werden dir alles später erklären, versprochen.“ Sie wussten, dass die Geschichte komplex war und Zeit brauchte, um sie angemessen zu erzählen.

Gemeinsam gingen wir in das prächtige Hauptgebäude des Anwesens. Der Innenhof war mit Kerzen erleuchtet und mit duftenden Blumen geschmückt. Ein köstlicher Duft von Speisen und Getränken lag in der Luft, denn meine Eltern hatten ein opulentes Abendessen vorbereitet, um unsere Rückkehr zu feiern. Im Esszimmer erwartete sie ein festlich gedeckter Tisch. Das Dinner war ein Fest für die Sinne, mit einer Vielzahl von exquisiten Gerichten und erlesenen Weinen. Die Stimmung war entspannt und freudig, während sie sich am Tisch niederließen und sich dann in anregende Gespräche stürzten.

Schließlich begannen Charlotte, Peter, Marco, Nico und John von ihren außergewöhnlichen Erlebnissen, Entdeckungen und Abenteuern zu erzählen. Die Geschichten flossen reichlich, begleitet von Lachen, Staunen und Freude über ihre unverehrte Rückkehr.

Nach dem Essen begaben wir uns in den Garten, der in ein sanftes Licht getaucht war. Ein Lagerfeuer knisterte in der Mitte und alle versammelten sich kreisförmig darum herum. Hier teilten wir weitere Erlebnisse und Abenteuer miteinander, während die Sterne über ihnen funkelten.

Es war ein intimer Moment des Austausches und der Verbundenheit. Jeder erzählte von seinen Eindrücken, Herausforderungen und triumphierenden Momenten. Kerstins Eltern lauschten aufmerksam und waren stolz auf unsere Leistungen.

Als der Abend in die Nacht überging, entschieden Kerstin und Lothar sich in Kerstins gemütliches Häuschen auf dem Anwesen zurückzuziehen. Das kleine Haus, einladend und perfekt ausgestattet, bot ihnen den idealen Ort, um den erlebnisreichen Tag in Ruhe und Zweisamkeit ausklingen zu lassen.

Sobald wir im Zimmer ankamen, schloss Lothar mich in seine Arme, blickte mir tief in die Augen und küsste mich zärtlich. In diesem Augenblick spürte ich eine tiefe Verbundenheit und Liebe zwischen uns, die sich in jedem Kuss und jeder zärtlichen Berührung zeigte. Die Leidenschaft zwischen uns wuchs, während wir uns langsam und liebevoll näherkamen.

Die Nacht war erfüllt von unserer Liebe und Hingabe zueinander. Wir liebten uns leidenschaftlich, während unsere Erschöpfung nach all den aufregenden Ereignissen des Tages langsam nachließ. Schließlich kuschelten wir uns eng aneinander und schliefen in den Armen des anderen ein, voller Zufriedenheit und Glück über die wundervollen Abenteuer, die wir gemeinsam erlebt hatten.

Am nächsten Morgen, nach einer erholsamen Nacht, wurden wir von einer freundlichen Bediensteten geweckt. Sie überbrachte uns die freudige Nachricht, dass unsere Eltern und alle Gäste des Anwesens zu einem reichhaltigen Frühstück im Garten eingeladen waren. Frisch und erfrischt machten wir uns auf den Weg in den Garten, wo bereits alles liebevoll für unser Frühstück vorbereitet war.

Die Sonne schien warm auf uns herab, während wir uns an einem wunderschön gedeckten Tisch im Garten niederließen. Inmitten des Lachens und Genießens der köstlichen Speisen luden meine Eltern alle Anwesenden ein, sich von den Strapazen unseres Abenteuers auf ihrem Anwesen zu erholen. Alle Gäste nahmen die Einladung gerne an, und so verbrachten wir fünf wundervolle Tage zusammen, geprägt von Gastfreundschaft und Freude.

In diesen fünf Tagen des Urlaubs in der Toskana genossen wir, Kerstin und Lothar, eine wunderbare Mischung aus Entspannung und Erkundungen. Umgeben von der malerischen Landschaft und in der Gesellschaft guter Freunde, bot jedes Erlebnis eine einzigartige Möglichkeit, die Schönheit und Kultur dieser faszinierenden Region zu erleben.

Einer unserer Tage begann mit einem entspannten Morgen am Pool des Anwesens, umgeben von einer ruhigen und friedlichen Atmosphäre. Die warme Sonne, das klare Wasser und die bequemen Liegestühle boten die perfekte Umgebung, um sich zu sonnen, zu schwimmen oder in aller Ruhe ein Buch zu lesen.

An einem anderen Tag machten wir uns auf zu einem Ausflug in die umliegenden Dörfer. Wir schlenderten durch die engen, gepflasterten Straßen, bewunderten die historische Architektur und besuchten lokale Märkte, wo wir frische Produkte und handwerkliche Erzeugnisse kauften. Die lebhaften Farben und Düfte der Märkte waren ein Fest für die Sinne.

Wir widmeten auch einen Tag dem Besuch einiger berühmter Sehenswürdigkeiten. Wir besichtigten alte Kirchen, Museen und historische Stätten, die die reiche Geschichte und Kultur der Toskana erzählten. Die Kunstwerke und die Architektur waren atemberaubend und ließen uns die tiefe Verwurzelung der Region in der Kunst und Geschichte spüren.

Ein weiterer Höhepunkt in der Toskana, an dem Kerstin und Lothar teilnahmen, war eine umfassende Verkostung, die ein wahres Fest für die Sinne darstellte. Bei diesem Tasting, das auf einem malerischen lokalen Weingut stattfand, hatten sie die Möglichkeit, eine Vielfalt an kulinarischen Köstlichkeiten zu probieren und zu bewerten. Von sorgfältig ausgewählten Weinen über handwerklich hergestellte Spirituosen bis hin zu einer Auswahl an lokalen Käsesorten und feinstem Olivenöl – jede Kostprobe war einzigartig und bot eine Geschmacksexplosion. Unter der fachkundigen Anleitung des Weingutsbesitzers und anderer regionaler Produzenten lernten Kerstin und Lothar nicht nur die unterschiedlichen Geschmacksprofile der Produkte kennen, sondern auch die Geschichten und Traditionen, die hinter ihrer Herstellung stehen. Besonders beeindruckend war die Vielfalt und Qualität der Weine. Von leichten, fruchtigen Weißweinen bis zu komplexen und tiefgründigen Rotweinen – jeder Schluck offenbarte die Leidenschaft und das Können der Winzer der Toskana. Das Olivenöl-Tasting war ebenfalls eine Offenbarung. Die subtilen Unterschiede zwischen den Ölen, von grasig-frisch bis reich und vollmundig, zeigten die Vielseitigkeit dieses Grundnahrungsmittels der mediterranen Küche.

Diese Verkostung war nicht nur ein Genuss für den Gaumen, sondern auch eine lehrreiche Erfahrung, die Kerstin und Lothar einen tiefen Einblick in die kulinarische Welt der Toskana gewährte. Sie verließen das Weingut mit einem neuen Verständnis für die Kunst der Lebensmittelproduktion und mit vielen schönen Erinnerungen an diesen besonderen Tag.

Abends trafen wir uns oft zu gemeinsamen Mahlzeiten, wo wir selbst gekochte Speisen aus lokalen Zutaten genossen oder in charmanten Restaurants speisten. Diese Abende waren erfüllt von Gelächter, guten Gesprächen und dem Genuss der köstlichen toskanischen Küche.

Doch das unbestreitbare Highlight unseres Aufenthalts war eine private, nächtliche Führung durch die bezaubernden Straßen von Florenz.

An einem lauen Abend machten wir uns auf den Weg in die berühmte Stadt, die als Wiege der Renaissance bekannt ist. Unsere Führung begann am majestätischen Duomo, dessen beeindruckende Kuppel unter dem Sternenhimmel noch prächtiger erschien. Wir spazierten durch die belebten Piazzas, vorbei an historischen Palästen und durch enge Gassen, die in sanftes Licht getaucht waren, was der Stadt eine fast magische Atmosphäre verlieh.

Unser Guide erzählte uns faszinierende Geschichten über die Kunstwerke, Architektur und historischen Persönlichkeiten, die Florenz geprägt haben. Wir besuchten die Ponte Vecchio, die berühmte Brücke, die sich über den Arno spannt, und genossen den atemberaubenden Ausblick auf das Flussufer bei Nacht.

Das absolute Highlight war der Moment, als wir vor Michelangelos berühmter Statue des David standen. Obwohl wir sie nur von außen betrachten konnten, war es ein bewegender Anblick, der unter dem sternenklaren Himmel eine besondere Wirkung entfaltete.

Nach der Führung kehrten wir in ein gemütliches Restaurant ein, wo wir die lokale Küche genossen und über unsere Eindrücke diskutierten. Diese Nacht in Florenz war nicht nur eine Reise durch die Geschichte und Kultur, sondern auch ein Moment, der uns die Schönheit und den Reichtum Italiens auf ganz besondere Weise nahebrachte.

Als wir schließlich zurück auf das Anwesen meiner Eltern kamen, waren wir erfüllt von den Eindrücken dieses magischen Abends.

In den nächsten Tagen wollten wir unseren Urlaub in der Toskana ruhig ausklingen lassen, wir genossen die letzten Momente der Entspannung und bereiteten uns langsam auf die Rückkehr in den Alltag vor. Doch die Erinnerungen an diese besondere Zeit würden uns noch lange begleiten.

Doch diese Idylle wurde jäh durch eine beunruhigende Nachricht unterbrochen, die Professor Schimazeck von der Blutkreuz Korbs erhielt: Der Kontakt zur Mondbasis war vollständig abgebrochen. Ein Schatten der Sorge legte sich über unsere Gesichter, als wir die Tragweite dieser Nachricht realisierten.

Die drängenden Fragen und die Ungewissheit über das Schicksal unserer Freunde auf der Mondbasis hüllten das idyllische Anwesen in eine Atmosphäre der Sorge. Kapitän Lothar und Kerstin, getrieben von der Besorgnis um ihre Kollegen, versuchten verzweifelt, von der Orion aus Kontakt aufzunehmen, doch alle ihre Bemühungen blieben erfolglos – es herrschte nur absolute Stille. Diese Stille war umso beunruhigender, da noch vor fast einer Woche alles in bester Ordnung schien.

Unsere Gedanken kreisten um mögliche Szenarien: Technische Probleme, ein unvorhergesehenes Ereignis oder etwas noch Ernsthafteres? Die anfängliche Freude und Begeisterung unseres Urlaubs wurden von einer wachsenden Unruhe und Besorgnis überschattet. Wir fragten uns, was hinter dieser mysteriösen Stille stecken mochte, und die Antworten darauf schienen ebenso unerreichbar wie der Mond selbst. Diese ungelösten Fragen und die Sorge um das Wohl unserer Freunde ließen uns in einer Atmosphäre der Anspannung und Erwartung zurück, die uns noch lange begleiten würde.

Wir beschlossen, keine Zeit zu verlieren, und planten eine Rettungsmission zur Mondbasis. Unsere Herzen waren voller Sorge und die Unsicherheit nagte an uns.

Doch wir waren fest entschlossen, Antworten zu finden und unsere Freunde in Sicherheit zu bringen.

Unsere Hoffnung und Entschlossenheit trieben uns voran, während wir uns den unbekannten Gefahren stellten.

Prolog

In einem Café in Cinque Terre, Italien, tauchte die aufgehende Sonne den Himmel in warmes, goldenes Licht. Während die idyllische Küstenstadt langsam erwachte, füllten sich die schmalen Gassen mit neugierigen Touristen, die die bunte Architektur bewunderten und den verlockenden Duft von frisch gebrühtem Kaffee genossen.

Doch im Herzen dieser malerischen Kulisse entfaltete sich eine unerwartete Begegnung, die das Schicksal einer bemerkenswerten Frau für immer verändern sollte. Kerstin, eine leidenschaftliche Archäologin mit einem unstillbaren Durst nach Abenteuern, spielte die Hauptrolle in dieser Geschichte. Als Hüterin vergangener Geheimnisse und Schätze war sie ein faszinierender Charakter, getrieben von ihrer Leidenschaft für die Vergangenheit.

Major Lothar, ein mutiger Luftwaffenoffizier mit einem sorgfältig gehüteten Geheimnis, stand im Kontrast zu Kerstin. Ihre Welten schienen auf den ersten Blick unvereinbar zu sein – sie die Wächterin der Vergangenheit, er der Hüter der Zukunft.

Doch das Schicksal hatte andere Pläne.

Als Kerstin in dem gemütlichen Café saß, umgeben von antiken Büchern und Karten, fiel ihr Blick auf einen mysteriösen Mann, der an einem nahegelegenen Tisch saß. Major Lothar, umgeben von einer unsichtbaren Aura, schien ihre Anwesenheit ebenfalls zu spüren. In diesem kurzen, intensiven Augenblick, als sich ihre Blicke trafen, erkannten sie, dass etwas Unerklärliches sie miteinander verband, und so begann ihre außergewöhnliche Liebesgeschichte.

Danksagung

In ‚Liebe zwischen Himmel und Erde: Eine Reise von Cinque Terre zum Mond' haben Sie eine mitreißende Geschichte voller Abenteuer, Romantik und geheimnisvoller Wendungen erlebt. Der Autor hat Sie auf eine Reise entführt, bei der Vergangenheit und Zukunft auf magische Weise aufeinandertreffen.

Ich möchten mich von Herzen bei Ihnen, liebe Leserinnen und Leser, für Ihre wunderbare Begleitung auf dieser außergewöhnlichen Reise bedanken. Diese Geschichte wurde lebendig, durch die faszinierende Hauptfigur, Kerstin, deren Mut und Entschlossenheit uns alle inspirieren.

Ein besonderer Dank geht auch an die Orte, die diese Geschichte inspiriert haben: die bezaubernde Küstenstadt Manarola in Cinque Terre, die majestätischen Berggipfel, die geheimnisvollen Bunkeranlagen und die faszinierenden Theorien über außerirdisches Leben.

Liebe zwischen Himmel und Erde soll Sie daran erinnern, dass die Liebe keine Grenzen kennt und Abenteuer oft an den unerwartetsten Orten beginnen. Möge diese Geschichte Sie ermutigen, Ihre eigenen Träume zu verfolgen und Ängste zu überwinden, so ‚wie es Kerstin getan hat.

Ich wünsche Ihnen Glück und Freude, und hoffe, dass diese Geschichte in Ihren Herzen weiterlebt. Möglicherweise sehen wir uns auf einer anderen Reise wieder, die uns von den Sternen bis ans Ende der Welt führt.

Mit herzlichen Grüßen und großer Dankbarkeit,

Lothar Wichlacz,

Autor

Vorankündigung für den nächsten Band:
„Liebe zwischen Himmel und Erde:
Eine Reise ins Unbekannte"

Der Kontakt zur Mondbasis war vollständig abgebrochen. Ein Schatten der Sorge legte sich über unsere Gesichter, als wir die Tragweite dieser Nachricht realisierten. Die Stille war beunruhigend – niemand wusste, was auf der sonst so lebhaften Station geschehen war.

Wenn ihr wissen wollt, was auf der Mondbasis passiert ist, dann seid bereit für ein neues, packendes Abenteuer. Im nächsten Band wagen sich unsere Helden Kerstin, Kapitän Lothar und seine Orion-Crew auf eine Rettungsmission zur Mondbasis, um das Geheimnis der Funkstille zu lüften.

„Liebe zwischen Himmel und Erde: Eine Reise ins Unbekannte" nimmt euch mit auf das nächste Kapitel dieser unvergleichlichen Odyssee. Nachdem Kerstin und Kapitän Lothar auf dem Mond und dem Mars bahnbrechende Entdeckungen gemacht haben, steht nun die Suche nach einem neuen Zuhause im Fokus ihrer Mission. Thaler, ein Planet voller Versprechen und Geheimnisse, wartet darauf, am Horizont ihrer Träume aufzutauchen.

Begleiten Sie unsere Helden, Kapitän Lothar und die unerschütterliche Archäologin Kerstin auf ihre Reise in die unerforschten Ecken des Kosmos.

Seid dabei, wenn Kerstin und Kapitän Lothar ihre Reise fortsetzen und erlebt, wie ihre Liebe die dunkelsten Ecken des Universums erleuchtet und neue Hoffnung auf einen Ort bringt, an dem die Menschheit in Frieden existieren kann.